IRIS NA hOIDHREACHTA 6

An Comharchumannachas agus an Mheitheal

IRIS NA hOIDHREACHTA 6

An Comharchumannachas agus an Mheitheal

in eagar ag
Pádraig Ó Fiannachta

AN SAGART
An Daingean
1994

ISBN 1 870684 46 X
An Cinnire Laighneach a chlóigh

CLÁR

Réamhrá

Bhí sé tráthúil gur ar an gComharchumannachas agus an Mheitheal a bhí cur síos in Éigse Chorca Dhuibhne 1993 agus timpeall glúin de shaol ag CFCD faoin am sin. Is dá réir sin atá cuntas achomair ar a stair go dtí an lá inniu anseo. Seachas sin tá stair agus préamhacha gluaiseacht na gcomharchumann á ríomhadh anseo. Téimid lasmuigh d'Éirinn ag plé leis an ábhar – go Gaeltacht na hAlban. Téimid thar teorainn na linne seo leis ag plé agus ag machnamh ar na blianta le teacht faoi scáth an Aontais Eorpaigh. I mBéarla a tugadh an dá chaint dheireanacha ach bhuail an t-eagarthóir cló Duibhneach ar na scripteanna i gcead do na húdair.

Bhí tinreamh sásúil ar an Éigse in 1993. Is in ionad an Bhlascaoid a bheidh Éigse 1994. Is caoithiúil sin mar gur ar "Oileáin agus Oileánaigh" a bheidh plé. Bí linn ansiúd mar sin 23-25ú Meán Fómhair 1994.

Pádraig Ó Fiannachta
An Daingean
Lá 'le Muire san Fhómhar 1994

Meitheal agus Dea-chomharsanacht

PÁDRAIG Ó FIANNACHTA

Nuair a théann tú isteach i dtigh comharsan inniu, sé sin dá mbeadh an misneach agat sin a dhéanamh, is gnáth go mbíonn an teilifís ar siúl. Bíonn an t-ádh leat má mhúchtar é. Ba dhóigh le duine gur bhain a leithéid le béasa, ach ní mar sin a thuigtear do dhaoine óga go háirithe é. Uaireanta dar ndóigh castar an fhuaim síos agus bíonn an scéal níos measa ná riamh mar go mbíonn gach aon duine ag iarraidh a dhéanamh amach cad a bhíonn á rá ag na carachtair agus is gearr go mbíonn tú féin gafa san iarracht seo leis. Bíonn deireadh le caint is comhrá go rómhinic ar fad. Is é an scéal céanna é ag gluaisteáin agus innealra. Nuair a théimid isteach i ngluaisteán, nuair a bhuaileann duine a lámh ar an roth, sin deireadh le béasa. Níl aon seans go scaoilfeá duine eile amach romhat, go bhfanfá siar ag dul amach geata an tséipéil fiú amháin agus seanduine nó, seantiománaí a ligean romhat. Is dócha go bhfásfaidh béasa agus nósmhaireacht thuisceanach timpeall ar an innealra agus ar an ngléasra nua-aimsire de réir a chéile, agus dá luaithe is ea is fearr é. Tá thiar ar an ndea-chomharsanacht agus ar an gcuideachta á cheal faoi láthair agus tá an tuath go háirithe ag dul in uaigní agus i ndoicheall, agus níl d'áit dála agus plé ach cúl an tséipéil ar an ndomhnach agus an tábhairne go minic sa tseachtain.

Táim ag caoineadh an tseansaoil. Bhí meitheal agus comhar agus dea-chomharsanacht go mór i dtreis i m'óige. Bhain sé le saol iomlán an duine. Bhain sé le creideamh. B'é an stáisiún an imeacht ba mhó i saol creidimh aon bhaile agus aon líon tí. Dhá uair sa bhliain bhí ceiliúradh mór i ngach baile. Tháinig gach aon duine chun na stáisiún; bhíodh faoistine agus comaoineach agus turas ar gach duine breoite ar an mbaile. Bhí idir óga agus aosta páirteach agus bhíodh bia agus deoch le chéile acu go léir. Is cuimhin liom go mbíodh leath an lae saor againne leanaí ó scoil. Ba é an scéal céanna é ag breith bás agus pósadh. Bean nó mná ón gcomharsanacht go minic a bhíodh mar mhná cabhartha. Duine díobh leis a dhéanfadh cúram banaltran don leanbh sna laethanta tosaigh. Dhéanadh na comharsain leis cúram an mhairbh; b'iad a chabhraigh á chur faoi chlár; théidís le fear an tí ag triall ar ghléas tórraimh; b'iad a d'osclaíodh an uaigh, agus arís raghadh duine acu le fear an tí ag triall ar an gcomhrainn. Le linn an tórraimh sa tigh bhíodh na mná ag cabhrú le tae agus bia, agus comharsa nó dhó gnóthach ag riar na dí. Ansin ba ghnáthach duine ar leith a bheith ann chun ceann a chur ar an gcoróin agus an liodán a rá. Lá an adhlactha ba é an scéal céanna é. Bhí na comharsain timpeall chun lámh chúnta a thabhairt ag iompar na comhrann dá mba ghá é agus leis an gcré a chur uirthi san uaigh. Níor fhág aon duine nó go raibh an scaob deireanach curtha ar an uaigh agus cros leis na sluaiste os a cionn. N'fheadar ná go bhfuil gá le maolú éigin a dhéanamh ar nós an tí tórraimh agus ar nósa an adhlacóra mar go bhfuil sé chomh fuar neamhphearsanta sin agus bréagach leis sa tslí ina gcuirtear brat sealadach ar an uaigh agus go mbailímid go léir linn sula gcuirtear an chré dáiríre ar an gcomhrainn.

Bhí an pósadh leis níba chomharsanaí. Ní sceana agus foirc agus béasa ardnósacha a bhíodh ag cur tinnis ar dhaoine ach caint agus cuideachta agus bheith ag gabháil timpeall ó dhuine go duine. Ní óráidí tacair a bhíodh le clos ach scaothaireacht agus spórt nádúrtha agus ceol agus rince de réir mar a d'oirfeadh. Bhí na daoine féin i gceannas ar na himeachtaí agus ní raibh nithe faoi stiúir ag lucht óstán agus gnó. Mholfainn go mór filleadh ar an sean-nós; bheadh níos mó spóirt ag baint leis agus ní chosnódh sé na mílte faoi mar a dhéanann anois.

Bhain comhar agus dea-chomharsanacht go mór le saol na tuaithe agus na feirme. Thosnaigh sin san earrach. Is beag feirmeoir go raibh seisreach, nó dhá chapall aige chun treafa. Níor leor an pónaí ach do threabhadh bog ithreach, agus cé go mbeadh pónaí chomh maith le capall ag formhór na ndaoine, chaithfidís dul i bpáirt le comharsa chun treafa. Capall páirteach a thugaimis ar an gcapall le comharsa a bheadh ag duine don earrach. Agus go deimhin ní don treabhadh amháin a bheadh an capall páirteach ag teastáil ach do bhaint an fhéir leis agus do bhaint an arbhair, ach sa chás go mbeadh meaisín singil ag duine. Sin é a bhí againn féin i m'óige ach níos déanaí fuaireamair meaisín dúbalta agus as sin amach bhíodh capall páirteach againn ag baint an fhéir; ba leor an pónaí don arbhar. Ach ansin chomh luath agus a thosnaíomar ag cur an phaca ag tógaint na bpunann – ní raibh an giar riamh againn – níor mhór cabhair chun aon obair fhónta a dhéanamh.

Le mo chuimhne, bhíomar i bpáirt chun treafa agus fómhair buan go maith. Bhíomar le m'athair baistí, Ruairí Ó Cinnéide, i bhfad fiú sula dtánag-sa ar an saol. Ar chúis éigin, d'athraíomar go dtí Tomás Ó Cléirigh, comharsa a bhí beagán níos cóngaraí dúinn, duine a rabhamar i bpáirt leis, fara duine eile fós ag tabhairt an bhainne chun na huachtarlainne. Is dóigh liom gur toisc go raibh an ceangal uachtarlainne an-tábhachtach dúinn go léir, a chuamar i bpáirt chun capaill leis an gCléireach de réir a chéile. Ní raibh aon aighneas ná aon ní mar sin i gceist, mar thagadh an Cinnéideach chun meithile chugainn i gcónaí ina dhiaidh sin. Bhí an pháirtíocht chun na huachtarlainne ina chabhair an-mhór. Chiallaigh sé nár chaith gach tigh ach dul dhá uair sa tseachtain an tslí go léir go Bóthar an Spa sa Daingean de ghnáth. Ach toisc duine den triúr a bheith ar bheagán cabhrach, anois agus arís théadh duine den chlann óg seo againne ina áit. Nuair a dhéanaimis amhlaidh ba ghnáthach go bhfaighimis cúpla pingin do mhilseáin ó bhean fhial an tí sin – Peig, deirfiúr Khrúigir. Bhíodh socrú ar leith don Domhnach mar ní bhacadh an bheirt eile leis an uachtarlann ar an Domhnach. Choimeádaidís an bainne ag baile ar an Domhnach agus dheinidís cuigeann bheag; b'fhearr leo a n-im féin ná aon im uachtarlainne.

B'iontach an ócáid shóisialta an turas ar an uachtarlann. Bhíodh líne maith fada de ghnáth de chairteacha ag feitheamh lena n-uain. Bhí a lán ag teacht aniar agus anoir go dtí uachtarlann an Daingin agus níorbh iad na daoine céanna riamh a bheadh romhat ná i do dhiaidh. Chuireamar aithne ar an saol mór mar sin inár n-óige, agus go deimhin ba mhaith an mhaise do dhuine óg é sin, mar bheifeá ag brath ar na daoine a bhí romhat agus i do dhiaidh chun na teainceanna a chur isteach má bhís féin róbheag nó rólag chuige sin. Is cuimhin liom go gcuirtí ceist orm i gcónaí nuair a thagainn abhaile cé chuir isteach na teainceanna dom; tuigim anois gurb amhlaidh a bhíodh eagla ar mo mháthair gur mé féin a chuirfeadh isteach iad. Toisc an méid againne a bhí páirteach ní bhíodh an oiread sin fonn ar dhuine anois agus arís lámh chúnta a thabhairt; níor thógtha orthu é. Nuair a bhíodh duine fásta i mbun an iompair againne, dhéanadh sé cion beirte nó trír. Ar an tslí sin dhíoltaí an comhar. Tá an loraí mór ag teacht go dtí an clós feirme anois agus fág go bhfuil sé ag bailiú an bhainne ag an seanstad uachtarlainne leis i roinnt mhaith cásanna, ní mar a chéile é; níl aon ghá le cabhair leis na teainceanna mar go súitear an bainne amach le píp agus ní mar a chéile a bheith i ngluaisteán ná i dtarraiceoir agus a bheith i gcairt asail, pónaí nó capaill ag caint is ag cadaráil leis na comharsain.

An mheitheal chun móna a bhaint an chéad mheitheal sa bhliain de ghnáth. Is cuimhin liom go maith an chéad mheitheal den sórt seo go raibh aon bhaint agam leis. Bhíomar ag dul ar scoil, ach d'fhan triúr againn, mé féin agus deirfiúr agus deartháir liom, sa bhaile ón scoil an lá sin. Bhí sin ráite againn leis an múinteoir an lá roimh ré. Chaith sé bheith sásta. Bhí an portach sa Gharrán scriosta ag m'athair agus ag m'uncail cúpla lá roimhe sin. Bhí an mheitheal glaoite againn leis le cúpla lá, na comharsain go dtéadh duine ón tigh seo againne chucusan, agus ansin ár gcliamhain chomh maith. Bhí beirt mhaith ar an sleán, nó isleán mar a deireadh muintir an tí seo againne, ina measc. Sleán amháin móna a bhíodh le baint; is dóigh liom gur deich fichead, sé sin punt agus caoga pingin, a bhí á éileamh ar an sleán an uair úd. Sé a bhí san isleán ná an méid móna a bhaineadh an mheitheal agus gan ach aon isleán amháin ag obair, gan cead rámhann ná sleán eile a úsáid. Bhí an-tábhacht ag baint le fear maith a bheith i gcónaí ar an sleán agus an sleán a choimeád sa siúl le barr fuinnimh ó thús deireadh an lae agus deimhin a dhéanamh de ná beadh moill air de bharr fear an phíce ina dhaidh a bheith mall, ná gan a dhóthain den phortach a bheith scriosta roimhe. Bhíodh cúpla rámhann i dteannta na bpící ag an meitheal le heagla go dtarlódh sé seo; bhíodh an dara sleán leis acu le heagla go n-imeodh aon ní ar an gcéad cheann. Ní raibh a shleán féin ach ag fodhuine.

Is dóigh liom go raibh ochtar sa mheitheal an mhaidin úd. Chuireadar chun bóthair le breacadh an lae agus bhíodar sa phortach, a déarfainn, ar a leathuair tar éis a hocht an mhaidin chruaidh Mhárta úd. Nuair a bhíodar siúd bailithe leo i dhá chairt chapaill, thosnaigh mo mháthair ag cur an lóin le chéile. Bhí an t-arán, an t-im agus an tae is siúicre agus na mugaí agus an ceaintín mór stáin a bheadh mar chiteal agus mar phota tae ullamh aici ón oíche roimh ré. Ach bhí cócaireacht leis le déanamh aici. Bhí uibhe agus bagún agus ispíní le friuchadh agus le sacadh i bprócaí. Ní minic a chonac a leithéid de ghreadadh timpeall na tine. Cuireadh an t-iomlán, agus lús maith buidéal pórtair i málaí. Bhí aire ar leith le tabhairt do dhá bhuidéal mhóra bainne agus dúradh liomsa greim a choimeád ar scrogall orthu i gcúl cairt an phónaí; bhí an triúr óg againne chun an lón seo go léir a iompar i gcairt an phónaí chun an phortaigh agus an dinneár a bheith ullamh againn in am do na fearaibh. Ní raibh aon duine den triúr againn riamh sa phortach roimhe sin ná ní raibh eolas an bhóthair rómhaith againn, ach bhí sin ag an bpónaí mar ba ó Bheaglaoi an phortaigh a ceannaíodh í tamall gairid roimhe sin. Ar aghaidh linn agus mo dheirfiúr ag giollaíocht; ag Geataí na Glóire tharla míthapa dúinn; tháinig pionna an rotha amach, agus seo leis an roth agus mise agus an lón ag sleamhnú síos ar an mbóthar. Choimeádas greim ar na buidéil cibé scéal é agus níor briseadh aon ní. Bhí, ar ámharaí an tsaoil, Foxy John agus a dheartháir ag teacht díreach inár ndiaidh agus chuireadar sin an roth isteach arís dúinn agus seo chun bóthair linn agus an pónaí bocht ag teaspáint na slí dúinn. Bhaineamar amach an portach in am. Bhí tine le hadú againn ar dtús agus ansin uisce le fáil ón sruthán a bhí ag gabháil tríd an bportach; ba ghearr go raibh an stán mór ar fiuchaidh; chuireamair tae agus siúicre go fial ann agus ansin ghlaomar ar na fir. D'fhan fear an sleáin ag obair go dtí an duine deireanach. Roinneamarna, na daoine óga, an bia ar na fir. Bhí an lá go haoibhinn agus dea-ghiúmar ar gach aon duine. Bhí spórt acu ag iarraidh na slisní bagúin agus na huibhe a bhaint as na prócaí. Is cuimhin liom go maith duine acu ag rá ''Ambaiste tá tarrac ar rashers againn!'' M'athair a roinn an pórtar ar an meitheal; thug a bhformhór buidéal leo le hól níos déanaí. Níor theastaigh ó aon duine an iomarca ama a chur amú mar go raibh móin na bliana ag brath ar an lá oibre a dhéanfadh an mheitheal.

Chuaigh an obair ar aghaidh go seolta. An sleán á choimeád sa siúl ar dalladh. Bhí beirt ag uanaíocht ar a chéile leis agus ba é an scéal céanna i dtaobh an phíce ina dhiaidh. Seachas sin bhí an chuid eile ag leathadh agus ag obair leo de réir mar ba ghá. Ní raibh aon ghá le horduithe ó aon duine. Bhí fios a ngnótha acu go léir. Seachas aon bhanc mór amháin a bhí scriosta, bhí cúpla mant eile thall agus abhus. Ní raibh cuid díobh sin ar fónamh nuair a baineadh triall astu agus chaith an mheitheal cúpla paiste eile a sriosadh don sleán. Ní raibh an portach rómhaith ach baineadh dóthain bliana an lá sin agus bheartaigh m'athair go raghadh sé in áit éigin eile an bhliain ina dhiaidh sin. Stuaicín a bhí gceist de réir mar a tharla, agus ní bhíodh aon mheitheal chuige sin; bhíomar ag fás aníos de réir a chéile agus is cuimhin liom m'athair á rá thiar i gCom Mhárthain lá breá go rabhamar ag baint stuaicín: ''B'fhearr liom a bheith anseo ag baint stuaicín agus sibhse timpeall orm ná a bheith i mo shuí i gcathaoir rí Shasana.''

Ní bhíodh aon mheitheal i gceist le cur na bprátaí ach chabhraíodh an mhuintir a bhíodh i bpáirt le chéile go mór mór ag cur drileanna nuair a leath an nós bog leisciúil sin. Ba é an scéal céanna é ag baint agus ag sábháil an fhéir. Lá mór meithile ab ea lá an fhéir a chur isteach. B'iad na comharsain chéanna a thagadh ar an meitheal gach bliain, geall leis, agus go deimhin an dream céanna geall leis le muintir na móna. Bhí gá le beirt ar leith, duine a dhéanfadh an coca, agus duine a choimeádfadh súil ar an gcoca ón talamh. Bheadh gá le ceathair nó cúig de chapaill leis chun an féar a tharrac agus le giollaí a d'fhéadfadh ualach a líonadh ar chapall. Bhí an nós chomh bunaithe sin de ghnáth nár ghá do dhuine ach an scéal a chur amach go raibh sé chun a chuid féir a chur isteach lá arna mhárach agus bheadh an mheitheal chuige. Bhí fear ar an mbaile a dúirt go hard-nósach oíche agus é ag bothántaíocht "I think I got the vocation to put in my hay tomorrow". Bhí an mheitheal chuige lá arna mhárach.

B'fhurasta an mheitheal a chur i mbun oibre. Daoine a tháinig le capall, d'fhanadar fara a gcapall agus bhíodh ar a gcumas ualach a líonadh air. Bhíodh slí i gcroí an choca do leadanna óga chun pasála agus chun an fhéir a chur timpeall. Bhí déanamh an choca agus leagadh na mbinsí faoi dhuine a bhí taitheach ar a leithéid, agus go deimhin ní raibh ach an beagán daoine sa dúiche go mbeadh muinín go leor astu chun go bhfágfaí an cúram sin fúthu. Ba gheall le hinnealtóir an té a choimeádadh súil ar an gcoca. Chaitheadh sé treoir a thabhairt ón dtalamh don té a bheadh ag déanamh an choca, agus súil a choimeád ar cá raibh breis féir le cur, agus conas an coca a choimeád láidir i gcoinne an fhánaidh, b'fhéidir, nó i gcoinne na gaoithe. Chaitheadh sé a thomhas cathain a bhí an coca leathan go leor chun an féar go léir a shlogadh, cathain a ba cheart é a chasadh agus mar sin de. Gnó gan a lán ceirde ab ea píceáil in airde ar an gcoca agus píceáil in airde chun fear an ualaigh. N'fhaca riamh an bháisteach ag breith ar mheitheal ag cur isteach féir. Is ar éigin is cuimhin liom aon lá féir nach raibh ina lá breá brothallach. Ba gheall le bheith ar neamh ag duine óg a bheith ag teacht abhaile ar bharr ualaigh féir lá breá gréine. Bhíodh scol amhráin le clos go minic ó bharr coca nó ualaigh. Ba chabhair chuige sin an buidéal pórtair a chuirfí timpeall anois agus arís.

Bhíodh béile breá réidh don mheitheal timpeall a haon. Arán is im agus feoil, gan aon phrátaí mar go mbeidís róthrom. Bhíodh builín is císte cúiríní leis go minic. Is le linn an dinnéir seo a thugtaí amach an t-aon fhéirín amháin a gheibheadh an mheitheal, bosca toitíní don dream a chaitheadh toitíní agus leathcheathrú tobac do lucht na bpípeanna. Siar sa tráthnóna bhíodh tae amuigh san iothlann agus scaipeadh an mheitheal de réir a chéile fiú sula mbeadh na téadáin ar an gcoca. Ní bhíodh aon cheiliúradh ina dhiaidh sin.

Leis an bhfómhar agus le baint na bprátaí thugadh daoine cabhair dá chéile, ach ní bhíodh meitheal i gceist. Ní bhíodh aon phá i gceist ach chomh beag ach amháin dá mbeadh spailpín nó buachaill aimsire fostaithe do na cúraimí sin.

Is annamh a bhíodh meitheal chun buailte. Is minic nach mbíodh i gceist ach stáca nó dhó a thabhairt go muileann an Daingin nó muileann Baile an Muilinn. Nuair a thagadh an muileann timpeall go dtí na garraithe nó go dtí an crosaire ag lár an bhaile bhíodh fonn ar gach duine lámh chúnta a thabhairt ach sin a mbíodh i gceist. Bhíodh beart tuí le cur faoi féin sa leaba anois agus arís ag duine bocht ag dul abhaile, nó cúpla cloch den mbarraíoll do na cearca.

Bhí an-chomhar maidir le hinnealra. Ní mór na hairm a bhíodh ag feirmeoirí – cúpla rámhainn, agus sluasad, cúpla píce ceithre mbeann agus dhá bheann, speal agus corrán agus raca. Ansin bhíodh céachta agus bráca ag gach aon duine. Bhí bráca breise ann a d'úsáidtí go háirithe nuair a bheadh talamh báin le cur faoi arbhar, an bráca sprionga; toisc nach mbeadh gá leis ach go fánach is go páirteach a bhíodh sé ag beirt nó triúr do ghnáth. Ba é an scéal céanna é ag an meaisín curtha turnapaí agus meangailí. B'iontach an mhuinín a bhí ag daoine as a chéile agus is annamh a tharla aon aighneas i dtaobh na fearais seo.

Bhí comhar agus dea-chomharsanacht i measc na n-iascairí ar an tslí chéanna. Chabhraídís le chéile ag cur na naomhóg ar linn, agus á gcur ar an stáitse arís gach tráthnóna. Ní baol ná go dtabharfadh duine aire do naomhóg duine eile fad a bheadh sí cois calaithe. Chabhraíodh na daoine óga leis na hiascairí chomh maith agus bhímis ag faire le dul ina dtreo le cabhrú leo ar an gcaladh ag tógaint na líonta agus an éisc agus na n-oiriúintí go léir as na naomhóga. Bhíodh breac nó cúpla ordóg portán againn ag dul abhaile i gcónaí dá bharr sin. Na hiascairí nach mbeadh talamh acu gheibhidís talamh scóir in aisce ó na feirmeoirí le prátaí agus cabáiste a chur dóibh féin. Níor mhiste leis an bhfeirmeoir sin chomh maith mar gurbh fhearrde a thalamh an leasú a gheobhadh sé. Ba mhinic leis a thugadh feirmeoir riar a gcáis de bhainne in aisce d'iascaire ach go bhfaigheadh sé cúpla breac éisc uaidh anois agus arís.

Bhain comhar leis le tógáil tí. Is minic a thugadh comharsain lá oibre dá chéile ag saoirseacht nó ag tindeáil. Bhíodh meitheal geall leis ag cur an urláir isteach mar bhí sé go léir le cur síos le chéile.

Sea, is iomaí sórt comhair agus comhoibriú a bhí againn fadó. D'fhéadfainn leanúint orm ag caint faoi a lán rudaí eile leis, bearradh na gcaorach, tiomáint an stoic ar an aonach agus a leithéid eile. Bhí saol breá bríomhar sóisialta ann dá bharr seo go léir agus idir óg agus aosta páirteach san obair agus sa spórt agus sa chuideachta a bhain leis. Bhí gné na déirce go tréan leis ag baint le comhar agus meitheal. Cuireadh sin i gcuimhne dom go mór le déanaí. Bhíos ag tabhairt turais roimh na stáisiúin ar na bailte Eaglais agus na Dúnta i Lios Póil. Ag caint dom le bean an tí i gceann de na tithe d'inis sí dom gur bhaintreach í féin óna hóige, ach go mbíodh na comharsain an-mhaith di. Thagaidís ina meitheal, uaireanta ar an Domhnach, agus dheinidís na cúraimí móra go léir – cur na bprátaí, sábháilt an fhéir, an fómhar agus eile nó gur fhás a clann suas chuici agus go raibh ar a gcumas féin na cúraimí sin go léir a dhéanamh.

Ó mo thaithí féin atá an méid sin ráite agam. Tá cuntas breá eolaíochta, bunaithe go háirithe ar an mbéaloideas atá bailithe sa chartlann béaloidis i gColáiste na hOllscoile Baile Átha Cliath, tugtha ag Anne O'Dowd ar chúrsaí comhair gus meithile ina leabhar *Meitheal*, a d'fhoilsigh Comhairle Bhéaloideas Éireann in 1981. Cuireann sí an t-eolas is féidir a bhailiú ó na seanfhoisí dúchasacha san áireamh chomh maith agus go deimhin na tuairiscí a thug cuairteoirí agus taistealaithe ón séú haois déag anuas.

Tá beagán faisnéise i nDlithe na mBreithiún féin, go mór mór i m*Breatha Comhaithcheasa*, a phléann tineontaíocht i gcomhar, agus na dualgais a bhain léi. Tá cur síos ann ar *comhar* ina bhunchiall, is é sin aireamh, nó treabhadh, le chéile. Bhí sin mar dhualgas ar lucht comhaithcheasa, ar na comhthineontaithe. Bhain an-dua le treabhadh mar ba throm achrannach é an céachta agus b'aisteach mar a dhéantaí an tseisreach capall nó damh a ghabháil faoi. Tá lua ar *mheithel* leis sna dlithe. Bhí sé de dhualgas ar na tineontaithe meitheal a sholáthar don fhlaith. Aisteach go leor is i mBeathaí na Naomh is mó atá trácht ar mheitheala. I mBeatha ársa Bhríde tá an cur síos seo ar mhíorúilt dá cuid: "Bhí meitheal ag Bríd tráth ag baint an fhómhair. Tharla báisteach throm ar Mhaigh Life ar fad ach níor thit braon ina gort siúd." I mBeatha cháiliúl Cholm Cille le Mánas Ó Dónaill léimid: "Chuadar ar dhroim na bóchna agus na mórfharraige ansin agus is é a dhúisigh iad ná fuaim na toinne le tír. Ansin d'éiríodar agus chonacadar oileán torthach taitneamhach agus meitheala ag buain arbhair ann, daoine dodhealbha duaibhseacha le cinn muc agus le coirp dhaonna."

Tá tagairt in Annála Loch Cé do dhuine ar an dtugtaí "ceann na meithle", rud a chuireann i gcuimhne dúinn nach slua gan eagar a bhí i gceist. I leagan déanach de sheanscéal tá tagairt do bhia a bheith á ullmhú do mheitheal. Ach is beag dáiríre atá le fáil sa litríocht dhúchais faoi mheitheal ná comhar. San seachtú, san ochtú agus sa naoú haois déag tá tagairtí ag scríbhneoirí Béarla do chomhar ag treabhadh go háirithe, agus dá leithéid maidir le fómhar an lín, na bprátaí, agus sníomh agus cniotáil. Úsáidtear na téarmaí *coire, swapping,* agus an focal neamhghnáthach *keating.* Sa bhailiúchán béaloidis tá breis mhór eolais; sa bhailiúchán sin tá an t-eolas a fuarthas as trí cheistneoir a chuir an Coimisiún Béaloidis amach, in 1940, 1941, agus 1958; bhí ceisteanna iontu sin a bhain leis an ábhar atá á phlé againn. Bhain an tríú ceistneoir le gnéithe sóisialta oibre. Bhí dhá cheist ann ar chomhar:

1. Ar ghnáth leis na comharsain teacht le chéile ar ócáidí fé leith chun lámh chonganta a thabhairt in obair éigin (chun cruach féir a dhéanamh, chun coirce do bhualadh etc.)?

2. Ainmnigh na saghsanna oibre go dtugadh na comharsain cabhair in aisce chuige? Cadé an ainm a tugtaí ar chabhair mar sin (meitheal, obair comhair etc.)?

De réir Ann O'Dowd tá ocht n-ainm déag ar fhichid difriúla tugtha ar bhuíon ag obair i gcomhar – ainmneacha ar nós *baicle, camp, carriage, combar, lámh chúnta, meitheal, swap*. Ansin luadh an sórt seo a bheith ar siúl in áiteanna ach gan aon ainm faoi leith á bheith á thabhairt air. Tá an focal *meitheal* an-choitianta ar fud na tíre ach amháin in oirthear Uladh agus i Laighnibh. Níl an focal *combar* chomh coitianta sin seachas i lár agus i ndeisceart na tíre.

Rangaigh Ann O'Dowd an chomhobair in Éirinn ina cheithre ranga: obair ghasra, obair chomhair, obair dhéirce, obair dheonach, agus taispeáin go raibh nósanna áirithe ar leith ag baint leo go léir. Bhí tábhacht ar leith leis an líon i dtuaisceart na tíre agus d'éiligh sin breis comhair ó chur an lín go dtí an fí féin. Bhí breis den chomhar á chleachtadh feadh chósta an iarthair leis mar go mbíodh sé i gceist le nithe mar marú na muice nó cur lín ar thigh. Bhí ceiliúradh ag gabháil leis an meitheal in áiteanna eile seachas mar a bhí anseo, ach is léir go raibh comhar agus dea-chomharsanacht á gcleachtadh go tréan sa dúiche seo sa seansaol. Bhí brí agus anam i saol na tuaithe dá bharr agus is iomaí leigheas a bhí ar an uaigneas.

Níor mhiste anois a bheith ag cuimhneamh ar na slite nua inar chóir na suáilcí céanna a chur chun cinn. Féach an dreoilín anois agus é níos bríomhaire ná riamh agus é á chleachtadh ar son na déirce againn de ghnáth. Tá na stáisiúin fós againn, ach is gá anam nua a chur iontu. Mura mbíonn muiceoil le roinnt againn ar na comharsain, nár dheas go roinnfí uisce na stáisiún go háirithe ar na daoine críonna nó na heasláin nach féidir leo féin teacht. Tá comhar agus comhoibriú ag teastáil chun calaithe agus áiteanna poiblí a choimeád glan. Caithfimid cur le chéile ag cosaint ár dtránna ar chreachadh gainimh agus grinn. Tá stoc le cur inár n-aibhnte agus le caomhnú iontu. Tá truailliú síolais agus buailí le smachtú le cabhair a chéile. Tá na seanchosáin cnoic agus sléibhe le coimeád ar oscailt nuair atá an *stripe*áil á dhéanamh ar shléibhte; ní éileodh a leithéid ach steip beag adhmaid mar ar ghá dul thar sreang. Ba mhór an trua é, agus ba mhór an chailliúint dúinn féin agus dár gcuairteoirí é mura bhféadfadh daoine dul ag sléibhteoireacht ar ár sléibhte áille. Tá an-ghá le cur le chéile chun go bhféadfaimis breis slite beatha a chur ar fáil. Cad faoi phróiseáil agus mhargaíocht seilg na farraige agus seilg na trá? Nach ait an rud é go mbíonn ár bportáin á gcaitheamh i bhfarraige againne agus go gcaithfeá díol go daor lena bhfáil le n-ithe i bPáras. Tá na daoine deoranta atá ag teacht timpeall á mhúineadh dúinn conas maireachtáil ar bhia breá folláin ó gharraithe beaga atá á bhfágáil faoi neantóga agus feochadáin agus cupóga sráide. Is iomaí sórt slí a d'fhéadfaimis slí bheatha bhreá shláintiúil a bhaint amach anseo timpeall ach cur le chéile, pleanáil le céile agus cuid den seanmheon dea-chomharsanach a chur i bhfeidhm arís.

Níl aon tslí is fearr a d'fhéadfaí spiorad an chomhair agus na dea-chomharsanachta a chleachtadh sa dúiche seo inniu, ar ndóigh, ná tríd an gcomharchumann. Tá éachtaí déanta agaibh le chéile cheana féin. Tá bhur ndúshlán tugtha ag an saol nua anois. Ní neart go cur le chéile maidir le haon bheart fónta a dhéanamh, agus, maidir le cuimhneamh ar scéimeanna nua, ní i gceann atá ciall ach i gceannaibh.

Bunú na gComharchumann in Éirinn

PAT BOLGER

Tháinig Horace Plunkett, an gríosóir ba mhó ag gluaiseacht na gComharchumann in Éirinn, go mór faoi thionchar an idéalachais a bhí ag leathnú ar fud na Breataine agus é in a mhac léinn in Oxford, 1874-78. Bhí a lán rudaí ag titim amach thart faoi na Seachtóidí agus é ar scoil in Eton agus Oxford. Bhí Sóisialachas agus Daonlaitheas san aer, agus borradh mór ag teacht ar choinsias sóisialta an phobail. Ré de ath-eagrú agus d'athleasú a bhí ann, ag éirí mar frith-ghníomhú ar an droch-chaoi a bhí ar an lucht oibre agus ar an gcosmhuintir de bharr na Reabhlóide Tionsclach.

Tháinig an tAcht um Oideachas in 1870 – an chéad uair a ghlac rialtas na Breataine freagracht ar bhunoideachas (cé go raibh socraithe eile in Éirinn). Bliain ina dhiaidh sin ceadaíodh na Ceardchumainn faoin dlí. Tháinig vótáil rúnda in 1872 agus acht nua do Chumainn Tionscail agus Soláthair (Industrial & Provident Societies' Act) in 1874. In Éirinn bhí an chéad acht ar Shealbhú Talún in 1870 faoi Gladstone a thug buanseilbh do na tionóintí agus seans éigin acu le na gabháltaisí a cheannach, dá mbeadh an t-airgead ann.

Rugadh Horace Curzon Plunkett in 1854, an tríú mac don Tiarna Dunsany. Bhí Anne Dutton, a mháthair ina hiníon don Tiarna Sherborne i Gloucestershire, áit a rugadh Horace (''B'shin an chéad bhotún'' a deir sé níos déanaí) cé go raibh eastát a mhuintire i gCo. na Mí taobh le Cnoc na Teamhrach. Bhí gaol sinseartha ag na Plunketts le Naomh Oliver Plunkett agus le Seán Ó Néill (Seán an Díomais) Iarla Thír Eoghain.

Fuair a mháthair bás nuair a bhí Horace ceithre bliana d'aois, agus i 1860 d'aistrigh an chlann ar ais go Dunsany – an t-athair agus seachtar clainne. Bhí an laige san chlann agus faoin am sin (agus le fada) bhí an eitinn ag leagadh íseal agus uasal, úr agus críon le chéile. D'éag Reginald in 1864 agus Julia dhá bhliain ina dhiaidh. Tharla do Horace an dochtúir áitiúil a chloisteáil ag tabhairt drochthuairim nó prognóis air féin – "And ye'll never rear that lad, either!" Ach sheas Horace an fód. Cé go raibh sé ainnis go leor i gcónaí, agus i bpian seasamhach ó 1920 i leith, mhair sé go haois a 78.

In Oxford agus é ag léamh na Staire rinne sé staidéar ar an gComharchumannas. Bhí sé an-tógtha leis an méid a bhí déanta (agus scríte) ag daoine mar Robert Owen, George Jacob Holyoake agus réadóirí Rochdale (the Rochdale Pioneers).

Bhí na Christian Socialists faoi lanseol an tráth sin. Ba Chríostaithe maithe iad a bhí dílis don Eaglais, agus iad sáite isteach i ngach sórt dea-ghníomh ag freastal ar na bochtáin agus ar an bpobal i gcoitinne. Bhí cinnirí éirimiúla orthu, Frederick Dennison Maurice, J. M. Ludlow, E. V. Neale, Charles Kingsley agus Thomas Hughes. Bhí Plunkett cairdiúil le Neale agus Hughes ach go háirithe.

Bhí na Christian Socialists go mór i gcoinnibh an tSóisialachais Aindiaigh a bhí ag scaipeadh ar fud na hEorpa, agus go fíochmhar freisin i ngleic leis an mbréagChríostaíocht, a bhí ag fás i measc lucht gnó. Bhí tionscalóirí ann a cheap nach raibh ról níos mó ag an Eaglais le cruachás na mbochtán a laghdú agus na cneánna (lucht oibre a bhí gonta ag an gCaipitealachas) a bhindealú. Bhí na daoine sin in ainm a bheith ina gCríostaithe, ach bhí a soiscéal bunaithe ar an tsaint agus ar fhorceadal an "laissez faire".

B'iad na Sóisialaithe Críostaí an chéad uair a ghnóthaigh na hachtanna (Industrial and Provident Societies' Acts 1852 agus '62) a thug aitheantas do na Comharchumainn agus pribhléid an "freagaracht teoranta" (limited liability).

D'fhill Plunkett abhaile in 1878 agus céim den dara grád aige sa Stair. Chaith sé bliain i mbun riaracháin ar an eastát. Bhí saol breá aige ag fiach agus ag damhsa leis an uasaicme, daoine a bhí ar chomh-chéim sóisialta leis féin, ach rinne sé sár-iarracht aithne níos fearr a fháil ar an gcosmhuintir. Chuir sé siopa beag comharchumannach (ar mhúnla Rochdale) ar bun ar an eastát chun gróiséireacht agus riachtanaisí baile a sholáthrú dá thionontaí agus don fhoireann oibre. D'éirigh go geal leis an togra sin, ach bhí a shláinte ag dul in olcas ag Plunkett.

Moladh dó aeráid níos fearr, níos tirime, a fháil in éadan na heitinne. Bhí an Eilbhéis faoi chaibidil, ach i ndeire an lae ghlan sé leis go Wyoming (S.A.M.) mar bhuachaill bó agus rainséar in éineacht le beirt fhear óg, Edmond agus Alexis de Róiste, mic le Tiarna Fhear Maí. Bhí taithí mhaith ag Plunkett ar chapaill agus marcaíocht. Coinnigh sé foireann capall i Dunsany i gcónaí; agus tá féith an ghrinn sna hainmneacha a bhí ag Horace ar chuid acu – Tripod (cos amháin lochtach aige go minic), Biscay (the rough bay), FitzGerald (but fits nobody else!).

Ní raibh na Roches ag súil le mórán ó Phlunkett, fear lag, breoite, ach bhí a chuid airgid an-áisiúil! Bhí nós ag Alexis Roche (fathach mór cineálta fir, agus teanga ghoirt gháirsiúil aige) bheith ag caint ar Chapallóireacht (gach rud ag tagairt do chúrsaí capaill). Sé dúirt sé faoi Plunkett: "A bit of a weed, but very well bred!" Mar a tharla dob é an fiaile a tháinig faoi bhláth. Phléasc Plunkett amach mar ginias i gcúrsaí gnó, a bhí in ann airgead a dhéanamh tré infheistiú, ceannach agus díol. Chnuasaigh sé dorn mór airgid dóibh thar na deich mbliana a bhí siad le chéile. Tháinig biseach maith ar an tsláinte ag Plunkett de bharr bheith ag obair amuigh faoin aer.

B'áil le Plunkett an tIarthar Fiáin – fairsingeacht na tíre, meon agus dearcadh na ndaoine, sprid an fhiontair, modhanna gnó a bhí oscailte, muiníneach, neamh-amhrasach. Rud a chuir iontas ar Alexis Roche ná an misneach agus an chrógacht a bhí i Plunkett: "All the appearance, but also all the courage of a starving coyote". Ach an Ceart a bheith ar a thaobh, ba chuma leis duine, diabhal nó beithíoch – capall fiáin, cowboy as a mheabhair le uisce beatha nó Indiach Dearg ar thóir troda.

Tháinig Plunkett abhaile in 1889 agus mar a dúirt Lady Fingal, bean a chol ceathrar: "Ireland laid her burden on him". Bhí sé i ngrá lena thír féin, ach ar bhealach chuir sí náire air, an drochbhail a bhí uirthi. Cinnte, bhí staid na tíre go dona – an talamh go fóill i seilbh thart faoi 10,000 tiarna talún agus na feirmeoirí mar thionontaí. Taobh amuigh den ghrúdaireacht, an driogaireacht i mB'leá Cliath agus tógáil bád i mBéal Feirste, bhí gach sórt tionscail fiúntach, beagnach, curtha faoi chois.

Ba thruacánta an sórt feirmeoireachta a bhí ar siúl i gcuid mhór den tír – feirmeoireacht taiseach truaillithe gan eolas ná teicneolaíocht ar bith ag baint leis, gan uainíocht cheart ar bharraí, ná pór maith ag beithíoch. Bhí cuid mhaith den daonra, sa tír iomlán, ag brath ar chothú ó thoradh 1 milliún acraí de phrátaí. Tá sé suimiúil amharc ar na staitisticí oifigiúla.

B'é an meántoradh prátaí thar 10 mbliana 1885-94 . . . 3.5 tonnaí ón acra, cé go raibh fear amháin ag saothrú 15-20 tonnaí ar thalamh míntírithe i gConamara. B'shin Mitchell Henry, máinlia ó Londain a d'éirigh as a cheird agus a cheannaigh talamh ar an gCoill Mhór (Kylemore Abbey anois).

Duine ar bith in Éirinn agus caipiteal aige an tráth sin, ní raibh mórán seans aige é a infheistiú go torthúil ina thír féin – talmhaíocht lofa, na tionscail mhóra imithe agus scrios á imirt ar na tionscail bheaga áitiúla ag déantúisí monarchan ón Bhreatain. Caithfeadh sé aghaidh a thabhairt ar an Siopadóireacht. Glaoigh Napoleon "nation of shopkeepers" ar na Sasanaigh uair amháin. Céad bliain ina dhiaidh sin b'fhéidir a leithéid a rá anseo faoi Éirinn. Bhí na bailte sna cúigí plódaithe le siopadóirí agus iad go léir i gcoimhlint lena chéile go dtí gur éirigh duine amháin chomh mór chun tosaigh agus gur bhailigh an chuid is mó den trádáil dó féin. "The winner of the rat race is nearly always a rat!" Tháinig na "king rats" chun tosaigh in Éirinn ag cleachtadh na gcleasanna céanna a bhí á n-imirt ar an lucht oibre i Rochdale – earraí truaillithe, praghasanna arda, meá míchothrom, earraí a thabhairt amach ar cairde agus iasachtaí airgid chomh maith ar rátaí úis thar fóir. Tháinig fear an ghaimbín (gombeen man) chun tosaigh i ngach gné de thrádáil an bhaile. Bhí sé ina ghrósaer, búistéir, báicéar, i miondíol, agus uaireanta sa mhór-dhíol, i gcrua-earraí, riachtanaisi baile agus uirlisí feirme. Bhí sé ina adhlacóir (undertaker), gníomhaire taistil agus ceannathóir toradh na talún. Fiú amháin 's tú spurtha amach 's amach, bheadh sé romhat i dTigh na mBocht agus margadh maith déanta aige le na húdarásaí le bia a sholáthrú, arán crua, uibheacha stálaithe, feoil agus iasc i bhfad thar a "sell by date" agus mar sin de.

Bhí sé dona go leor fear an ghaimbín a bheith ag robáil na ndaoine ach cuireadh an caipín stáin ar an scéal nuair a thosnaigh na daoine ar chúiteamh a bhaint as an "gaimbín" agus é a shladú le mí-ionraiceas de gach sórt. Ba uafásach an tionchar a bhí ag an ngnó sin ar charactaer, meon agus dearcadh na ndaoine.

Rinne Plunkett iarracht ar chóras comharchummanach íditheoireachta (consumer co-operation) a chur ar bun, ar an smaoineamh go mbeadh sé níos éascaí leanúint leis an ngnáthfhorchéimiú a tharla i ngach tír eile – ag dul ó mhion-díol go mór-dhíol go táirgiú. Chuireadh siopa ar bun i nDún ar Aill ach theip air – bhí an gaimbíneachas ró-láidir! Bhí na eagraíochtaí móra go mór i bhfabhar na smaointe a bhí ag Plunkett maidir le có-oibriú, daoine mar Christopher Digges la Touche, Príomh-fheidhmeannach Guinness, James Musgrave, tionsclóir mór Bhéal Feirste, fiú na siopadóirí móra mar Sir John Arnott. Bhí scoth na hEaglaise ag taobhú leo comh maith – Easpag Luimnigh, Easpag Ráth Bhoth agus an tAth. Tom Finlay, S.J. Ach bhí na polaiteoirí go léir go láidir i gcoinne Plunkett. Bhí Cogadh na Talún buaite, agus ní cóir go dtarlódh rud ar bith eile go dtí go mbeadh Rialtas Dúchais bainte amach, dar leis na Náisiúnaithe – bhí Plunkett ag tarraingt "red herring across the path of Home Rule". Cheap na hAondachtóirí go raibh an iomarca faighte ag na tionóntaí cheana féin, agus níor chóir do Plunkett bheith ag plé leo, olc maith nó dona.

Thug Plunkett a aghaidh ar thionscal na Déiríochta, a bhí i gcrua-chás faoi dheire na nOchtóidí. Is ar éigean a bheifeá ábalta im na hÉireann a dhíol ar mhargaí na Bhreataine de bharr na hime breá, folláin, blasta a bhí ag teacht ón Danmhairg agus tíortha eile ar an Mór-Roinn. Bhíodh díol maith ar ár gcuid ime sar ar tháinig an teicneolaíochta nua isteach i gcrích Lochlann – an deighilteoir lártheifeach (centrifugal separator), an chuinneog-faoi-cumhacht agus an cuisniú.

In 1848 chuaigh 379,000 beart de im na hÉireann isteach thar caladh Londain i gcoinne 576,000 beart as tíortha eile. I 1884, bhí ár n-im síos go 5,618 i gcomparáid le 1,703,722 beart ón iasacht. Bhí im na Danmhairge ag brú isteach, fiú i gcathair Átha Cliath.

Bheadh orainn im de dhéantús maith monarchan a dhéanamh. Bhí an éacht sin idir lámhaibh ag ceannathóirí ime agus comhlachtaí príobháideacha i gcúige Mumhan cheana féin mar ba léir nach mbeadh aon éileamh feasta ar im baile, sáithe le salann agus de gach sórt bhlais, boladh agus dath. Is é is lú is gann don fheirmeoir, a deir Plunkett, ná iarracht a dhéanamh gan a thionscal féin a ligint le sruth. Ba chóir do mhuintir na tíre iad féin a eagrú agus uachtarlanna comharchumannacha a chur ar bun.

Tugadh cruinnithe le chéile ar fud na tíre chun fiúntas an chórais chomharchumannach a fhógairt agus a mholadh; agus na céimeanna cuí chun uachtarlann a chur ar bun a mhíniú. Bhí sé thar a bheith deacair do Plunkett. Ba thiarna talún é, den uasaicme, Protastúnach agus aondachtóir. Níos measa ná sin, i dtír a bhí lán de óráidithe, ní raibh cumas cainte aige. Sé dúirt an Dr. Ó Duibhir, Easpag Luimnigh: "An fhadhb leat-sa, Horace, nuair nach féidir leat an focal ceart a aimsiú, níl tú sásta ceann mícheart a úsáid, fiú go sealadach!"

Tháinig Mulhallen Marum M.P., óráidí críochnaithe snasta, i gcabhair air ach fuair seisean bás tobann maidin Domhnaigh ag freastal ar Aifreann i Lios Tuathail, Co. Chiarraí. Bhí cuid mhaith daoine eile ag cuidiú le Plunkett ó am go chéile. Ba é Robert Andrew (R.A.) Anderson an chéad eagraí nó timire lánaimsireach ar an gcrosáid, agus a thuarastal íoctha ag an Cooperative Union, Manchúin Shasana. Thit an tromlach den obair ar Anderson agus ar Plunkett féin agus iad ag gabháil tríd an tír gan stad ná staonadh. Deirtear gur tionóladh thar caoga cruinniú sarar tháinig toradh ar bith as.

Cuireadh an chéad uachtarlann chomharchumannach ar bun i nDrom Collchoille, Co. Luimnigh i 1889 (tá iarsmalann ar an ionad anois). D'imigh 1890 thart gan faic, ach i 1891 tháinig an briseadh-tríd – sé cinn déag!

Cuireadh an Irish Co-operative Agency Society Ltd. (ICASL) ar bun in 1893. Áisíneacht a bhí ann chun im a dhíol ar mhargaí na Breataine, agus oifig acu i Manchúin.

Toghadh Plunkett mar M.P. do Áth Cliath Theas in 1892. Ba iontach an tAondachtóir é. Bhí sé báúil don Chumann Lúth-Chleas Gael (agus do Chonradh na Gaeilge) agus go mór i bhfabhar oideachais ollscoile do Chaitlicigh. Is minic a vótáil sé i gcoinne a Pháirtí féin.

Bhí 33 comharchumainn (uachtarlanna iad uilig) ann in 1894 nuair a bunaíodh Eagraíocht Talmhaíochta na hÉireann nó The Irish Agricultural Organisation Society (IAOS).

Sa bliain chéanna cuireadh tús leis an gcóras creidmheasa. B'é an t-Athair Tom Finlay a sheas don chúis sin. Bhí taithí aige ar an gcóras Raiffeiseanach ó bhí sé mar ábhar sagairt sa Ghearmáin. Bhí na Comharchumainn Chreidmheasa, nó "village banks" mar a tugadh orthu de gnáth, an-chosúil le Credit Unions an lae inniu. D'ardaigh a líon ar fud na tíre, go mór mhór san Iarthar go dtí go raibh 268 díobh in 1908.

In 1895 cuireadh tús leis an Recess Committee, coiste a tharraing Plunkett le chéile chun brú a chur ar rialtas na Breataine Roinn Talmhaíochta a bhunú do Éirinn. Ainmníodh an coiste sin de bharr gur tháinig na baill (M.P.'s agus daoine eile) le chéile i rith an sos pairliminte 1895-6.

Foilsíodh Tuarascáil an Choiste ar an chéad lá de mhí Lúnasa 1896. Tuarascáil breá fada (418 lch.), neamhbhalbh, cruinn, proifisiúnta a bhí ann agus ba iontach an tionchar a bhí aige ar an phobal agus ar na húdaráisí. Faoi dheire ghéill an rialtas do na rachairtí a bhí ann.

De bharr an taighde a bhí déanta acu ar an Mór-Roinn, shocraigh an IAOS ar chomharchumainn de shórt eile bheith acu. B'iad sin na Cumainn Talmhaíochta, ag déanamh aithris ar *Syndicats Agricoles* na Fraince. Siopaí nó stóranna a bhí i gceist chun riachtanaisí a gceard a chur ar fáil do muintir na tuaithe – síol, leasú talún, prontar agus uirlisí feirme. Ar an dtaobh eile bhí siad ag ceapadh toradh na talún a cheannach – prátaí, glasraí, uibheacha, coirce, olann agus mar sin de. Bhí cuid mhaith de na huachtarlanna i mbun an ghnó sin cheana féin nuair a cuireadh an chéad "Store Co-op" neamhspleách ar bun i gCill Measáin, Co. na Mí in 1894. Roimh deire 1895 bhí trí cinn déag ag obair, go mór mór sna ceantracha nach raibh déiríocht ar siúl iontu. B'iad na Comharchumainn is mó a chuir béim ar an "caighdeánú" agus ar ionracas i dtrádáil. Níor choinnigh siad ach earraí den scoth, ar phraghas réasúnta. Thug siad aitheantas airgid do uibheacha úra, do phrátaí gan clocha ná cré i dtóin an mhála, d'olainn mhaith thirim agus do thorthaí eile den chéad scoth.

I 1897 bhunaíodh an cónascadh Mór-dhíol, the Irish Agricultural Wholesale Society (IAWS) chun freastal ar na comharchumainn a bhí i mbun trádala. Chuir na Comharchumainn Talmhaíochta seirbhísí tábhachtacha ar fáil. Choinnigh siad "sires" chun feabhas a chur ar phór na n-ainmhí feirme – stail, tarbh, torc ⁊rl.

Tuairiscíodh in 1900 go raibh gléas spréala prátaí (i gcomhair capaill) i mbeag nach gach ceann de na 106 Comharchumainn Talmhaíochta an tráth sin.

> Potato spraying has become universal among the societies and their committees take much pains not merely to secure for the farmers genuine spraying materials but also to spread among them the most accurate information concerning the process and the manner in which it should be carried out. Besides, the spraying machines are carefully stored at the headquarters of the Society and are in proper order for use when the season arrives at which they are called into use.

Chuaigh na huachtarlanna agus na Store Societies i mbun a lán rudaí sar ar tháinig Comharchumainn speisialta ar an saol le casadh an Chéid – comharchumainn le próiseáil feola, comharchumainn na gcearc, comharchumainn saothrú glasraí, beachaireacht, saothrú lín, tionscail baile ⁊rl.

Ghéill Rialtas na Breataine don éileamh mór poiblí agus in 1899 ceadaíodh Roinn Talmhaíochta do Éirinn. Cuireadh an Department of Agriculture and Technical Instruction (DATI) ar bun agus Plunkett i gceannas air mar Leas-Uachtarán.

Mar sin, in 1899 bhí Horace Plunkett, dhá scór 's cúig bliana d'aois, agus an chuid is mó dá aidhmeanna bainte amach aige – Gluaiseacht na gComharchumann ag dul ar aghaidh go maith, agus Roinn nua Talmhaíochta, agus é féin i ndáiríre ina chéad Aire Talmhaíochta Éireannach!

Comharchumainn mar a Bhí

PROINNSIAS BREATHNACH

Réamhrá

Sa dócha gurb í an chúis go bhfuaireas an cuireadh chun labhairt anseo inniu – agus gabhaim buíochas don lucht eagraithe as ucht an cuireadh a thabhairt dom – ná go rabhas páirteach in obair taighde a bhí ar siúl ag Roinn na Tíreolaíochta i gColáiste Phádraig, Má Nuad, a bhain leis na comharchumainn Ghaeltachta, thart ar deich mbliana ó shoin. Mar sin, beidh mé ag cur síos sa pháipéar seo ar thorthaí an taighde. Gan amhras, tá an-chuid tar éis titim amach ó shoin, agus mar sin, is páipéar stairiúil é seo (mar atá le tuiscint ón teideal, "Comharchumainn mar a bhí"). Níl fhios agam conas mar atá rudaí i measc na gcomharchumann Gaeltachta inniu, agus cuirfidh mé fáilte roimh eolas faoi seo sa phlé le teacht.

Sa pháipéar seo, beidh mé ag caint i dtaobh fadhbanna agus laigí éagsúla a bhain le gluaiseacht na gcomharchumann Gaeltachta i gcoitinne. Ní hé sin le rá gur bhain aon cheann de na fadhbanna nó laigí seo go háirithe le Comharchumann Forbartha, Chorca Dhuibhne (CFCD). Ar ndóigh, go bhfios domsa, sé CFCD an comharchumann Gaeltachta is fearr ar éirigh leis sa tréimhse atá i gceist – agus, de réir dealraimh, tá sé ag treabhadh ar aghaidh go láidir fós inniu.

AN COMHARCHUMANNACHAS IN ÉIRINN

D'ainneoinn traidisiún na meithle sa bhéaloideas, ní dóigh liom go bhfuil claonadh láidir i dtreo an chomharchumannachais le fáil i measc muintir na hÉireann. Mar a dúirt Brendan Behan, nuair a chuirtear aon eagraíocht nua ar bun sa tír seo, sé an chéad rud a bhíonn ar an gclár ná scoilt. Chuala mé scéal uair amháin i dtaobh beirt seandálaithe a bhí ag plé na dtuamaí ársa úd ar a dtugtar dolmain – na cinn leis an leac mhór cloiche ar barr. Bhí an bheirt ag iarraidh a dhéanamh amach conas a d'éirigh leis na daoine sa seanam an leac sin a ardú ar bharr an tuama. Dúirt duine acu go bhféadfadh céad fear ag tarraingt le chéile an beart a dhéanamh, ach dúirt an duine eile ar an láthair nach bhféadfadh sé sin a bheith ceart, mar nach bhfaighfeá céad duine in Éirinn a bheadh in ann tarraingt le chéile.

Bíodh sé sin fíor nó ná bíodh, níl aon amhras ach go bhfuil gluaiseacht an chomharchumannachais in Éirinn lag i gcomparáid le tíortha eile na hEorpa. Tá comharchumainn do shiopadóirí le fáil go foirleathan sa Bhreatain Mhór, ach is ar éigin atá siad le fáil sa tír seo. San Iodáil, tá leath-mhilliún duine ag obair i gcomharchumainn oibrithe ("workers' co-operatives"), agus ceathrú milliún sa Spáinn; in Éirinn, tá cúpla céad ar a mhéad.

Fiú amháin i measc na gcomharchumann déiríochta – an t-aon saghas comharchumann atá láidir in Éirinn – tá gach dealramh ar an scéal go mbeidh an chuid is mó acu in úinéireacht phríobháideach laistigh de roinnt de bhlianta. D'fhéadfá a rá nach raibh fealsúnacht an chomhoibrithe láidir riamh i measc baill na gomharchumann seo. Mar a scríobh duine áirithe uair amháin i dtaobh an "co-operative movement": "there is little co-operation and even less movement".

NA COMHARCHUMAINN FHORBARTHA PHOBAIL

Ach tá cineál amháin comharchumainn a tháinig ar an saol don chéad uair in Éirinn – agus is sa Ghaeltacht a thosnaigh siad, dar ndóigh. Tá mé ag tagairt don chomharchumann forbartha phobail – gur cuireadh an chéad cheann acu ar bun i 1966 anso i mBaile an Fheirtéaraigh. Scaip na comharchumainn seo go tapaidh ar fud na Gaeltachta, go dtí go raibh suas le fiche acu ag feidhmiú deich mbliana dár gcionn.

Chomh fada agus is eol dom, tháinig an seift chuige seo don chéad uair ó Roibeard Ó Buachalla, atá anois ina cheannaire ar an gcóras gairmscoilíochta i gContae Chorcaí. Sé an smaoineamh a bhí ag baint leis ná go gcuirfeadh teaghlaigh uile an phobail le chéile chun eagraíocht a bhunú a bheadh i seilbh an phobail, agus a thabharfadh faoin bpróiseas forbartha a chur ar aghaidh sa phobal sin. Ba é an rud ba shuimiúla i dtaobh na gcomharchumann seo i gcomparáid le comharchumainn eile ná ilghnéitheacht .i. ní hamháin gur thug siad faoi ghníomhaíochtaí eacnamaíochta éagsúla ag an am gcéanna, ach gur thug roinnt acu faoi fhorbairt shóisialta agus cultúrtha a chothú mar aon le forbairt eacnamaíoch.

Rud eile a bhí suimiúil i daobh na gcomharchumann forbartha ná gur scaip siad chomh tapaidh sin tríd an Ghaeltacht cé go raibh áisíneacht stáit ann cheana féin go raibh forbairt na Gaeltachta idir lámha aici – Gaeltarra Éireann (Údarás na Gaeltachta anois). Caithfidh go raibh bearna éigin nó easpa ag baint le hobair Ghaeltarra, agus go raibh na comharchumainn ag líonadh na bearna seo.

DEARCADH AN PHOBAIL AR NA COMHARCHUMAINN

Mar chuid den tionscnamh taighde a bhí ar siúl againn i Má Nuad sna hochtóidí luatha, dheineamar scrúdú ar ról na gcomharchumann i bhforbairt na Gaeltachta. Cuid lárnach den taighde seo ab ea iarracht a dhéanamh ar dhearcadh an phobail a fháil ar an obair fhorbartha a bhí ar siúl mórthimpeall orthu. Tréith ghinearálta de pholasaithe forbartha an rialtais ab ea gur cumadh na polasaithe seo ag saineolaithe a bhí lonnaithe i mBaile Átha Cliath, gan aon iarracht a dhéanamh dul i gcomhrá leis daoine féin a bhí chun leas a bhaint as na polasaithe a bhí i gceist. Toradh amháin a tháinig as an bpróiseas seo ná gur cuireadh an polasaí céanna i bhfeidhm i ngach ceantar, cé go raibh difríochtaí móra idir na ceantair éagsúla ó thaobh fadhbanna agus acmhainní de.

Ar aon nós, mar chuid den obair taighde seo, dheineamar suirbhéanna i dtrí cheantar Gaeltachta ina raibh comharchumainn fhorbartha láidre ag feidhmiú iontu – Corca Dhuibhne agus dhá cheantar i nGaeltacht Chonamara – Cois Fharraige agus ceantar na nOileán (Leitir Mór, Leitir Mealáin, agus Gorumna). Ceann dena rudaí is mó a tháinig as na suirbhéanna seo ná an t-ardmheas a bhí ag na daoine ar na comharchumainn. I ngach ceantar, cheap na daoine go raibh na comharchumainn ag déanamh níos mó ar son na háite ná Údarás na Gaeltachta – in ainneoin go raibh i bhfad Éireann níos mó airgid á chaitheamh ag an Údarás ar obair fhorbartha sna ceantair chéanna.

Chuireamar ár méar ar dhá chúis faoi leith chun an t-ardmheas seo a mhíniú:

(1) Go raibh na comharchumainn préamhaithe i measc an phobail agus gur thuig siad muintir na Gaeltachta agus fadhbanna na Gaeltachta, i gcomparáid le feidhmeannaigh an Údaráis, go raibh cultacha éadaigh deasa á gcaitheamh acu, gur stróinséirí an chuid is mó acu (agus an-chuid acu nach raibh ón nGaeltacht) agus gur fearr leo bheith ag plé le daoine gnó ón iasacht ná le muintir na Gaeltachta.

(2) B'fhéidir níos tábhachtaí fós, b'fhacthas go raibh na comharchumainn ag cur seirbhísí an-bhunúsacha sóisialta ar fáil go raibh a mbuntáistí scaipthe go foirleathan i measc an phobail (uisce píopaithe, soláthar leictreachais). Ina theannta san, bhí siad páirteach i ngníomhaíochtaí eacnamaíocha a bhí ag cur le hioncaim an-chuid teaghlach sa phobal, gan postanna lánaimsireacha a bheith ag teacht astu (lóistín do choláistí samhraidh, soláthar riachtanais talmhaíochta, míntíriú talún).

I gcomparáid leis seo, bhí an tÚdarás ag an am dírithe beagnach go hiomlán ar phostanna lánaimsireacha tionsclaíocha a chur ar fáil i monarchana. Cé go raibh ag éirí go maith leis an bpolasaí seo i gceantair áirithe, b'fhacthas go raibh na monarchana seo bailithe i suíomhanna faoi leith, agus fiú amháin sna suíomhanna seo, bhí an-chuid teaghlach nach raibh ag baint aon rud astu.

I gcás Corca Dhuibhne, mar shampla, thaispeáin an suirbhé gur cheap suas le dhá thrian díobh siúd a ceistíodh go raibh

CFCD ag déanamh níos mó don cheantar, i gcomparáid le níos lú ná 20% a cheap go raibh an tÚdarás ag déanamh níos mó. Tá sé seo so-thuigthe, mar níl aon amhras ná go raibh i bhfad níos mó teaghlach sa cheantar tar éis leas a bhaint as an míntíriú a bhí ar siúl ag an gcomharchumann ag an am agus na coláistí samhraidh a bhí á n-eagrú acu ná mar a bhí tar éis leas a bhaint as obair an Údaráis. [Ba shuimiúil an cheist a chur – an gceapann sibh go bhfuil athrú sontasach tagtha ar dhearcadh an Údaráis ar an bpróiseas forbartha ó shoin i leith?]

FADHBANNA COMHARCHUMANN

In ainneoin an stádais ard a bhí ag na comharchumainn i measc an phobail – agus, gan amhras, an tsárobair a bhí á déanamh acu – bhí sé soiléir nuair a bhíomar ag déanamh an taighde go raibh cuid mhaith acu cráite le fadhbanna éagsúla (go háirithe fadhbanna eacnamaíocha) – agus, dar ndóigh, dúnadh an dá chomharchumann mhóra i gConamara go gearr ina dhiaidh sin. Dheineamar scrúdú ar na fadhbanna seo agus roinneamar ina dhá rang iad – fadhbanna inmheánacha agus fadhbanna seachtracha:

Fadhbanna Inmheánacha:

(1) Fadhbanna bainisteoireachta: Gan amhras, bheadh sé deacair daoine oiriúnacha a fháil ón tús chun bainisteoireacht a dhéanamh ar eagraíochtaí chomh ilghnéitheach agus chomh difriúil agus a bhí na comharchumainn fhorbartha. Bheadh gá le daoine go raibh tuiscint mhaith acu ar an gceantar agus ar an bpobal ina raibh an comharchumann suite; a bhí tugtha do aidhmeanna – idir eacnamaíoch, sóisialta agus cultúrtha – na heagraíochta; agus go raibh scileanna maithe bainisteoireachta acu, go háirithe ag deighleáil le raon leathan imeachtaí. Agus bheadh gá le daoine le fuinneamh a bheadh sásta obair an-dian, le huaire fada, a chur isteach.

Tá sé so-thuigthe go raibh sé deacair "supermen" dá leithéid a fháil, agus i ndeireadh thiar, b'fhacthas dúinn go raibh easpa scileanna foirmeálta riaracháin agus bainisteoireachta le feiscint i gcás roinnt mhaith de na comharchumainn, agus gur fhás fadhbanna bunúsacha ón easpa seo.

(2) Ceann de na fadhbanna seo ab ea easpa pleanála – go háirithe pleanáil straitéiseach fhadtéarmach. Mar a thuigtear dúinn é, thosnaigh an comharchumann tipiciúil le tonn díograis agus thug sé faoi thionscnaimh éagsúla a chur ar siúl ag an am céanna, gan dianmhachnamh a dhéanamh roimh ré chun príomhaíochtaí a leagan amach agus chun teacht ar aon aigne ar cad a theastaigh uathu a bhaint amach i ndeireadh thiar.

Ansan, nuair a thosnaigh an comharchumann i mbun gnó, bhí sé gafa le fadhbanna láithreacha laethúla, gan am acu súil siar a chaitheamh ar conas mar a bhí rudaí ag dul go ginearálta. Caithfear a rá go mbíonn an fhadhb seo le feiscint i ngach saghas eagraíochta, idir bheag agus mhór .i. go dtugtar tús áite do rudaí práinneacha in ionad rudaí tábhachtacha.

(3) Chun cur leis na fadhbanna eagraíochta seo, bhí fadhbanna airgeadais le fulaingt freisin. Bhain cuid mhaith de na fadhbanna seo le heaspa scairchaipitil – agus measaim gur fadhb é seo a bhainfidh i gcónaí leis an saghas seo eagraíochta. I dtreo is go mbeadh an comharchumann in ann a rá gur comharchumann phobail é – rud a bhí tábhachtach chun an deontas bainisteoireachta a fháil ó Roinn na Gaeltachta – bhí orthu tromlach mór de theaghlaigh an phobail a mhealladh isteach mar scairshealbhóirí.

Chun é sin a chinntiú, bhí orthu luach íseal a chur ar an ngnáthscair, agus d'fhág sin nach mbeadh carn mór scairchaipitil ag an gcomharchumann agus é ag cur chun oibre: ag tús na n-ochtóidí, ar an meán bhí £25 curtha isteach mar scairchaipiteal ag baill na gcomharchumann Gaeltachta, agus ar an meán, bhí 500 ball ag na comharchumainn sin. Fágann san go raibh scairchaipiteal iomlán de £12,500 ag an ngnáthchomharchumann agus, fiú sna laethanta sin, níorbh fhéidir mórán a dhéanamh le suim chomh beag sin.

Mar sin, bhí ar na comharchumainn iasachtaí a fháil chun a gcuid imeachtaí a mhaoiniú. Bhí sé sin sásúil go leor sna seachtóidí, nuair a bhí borradh i gcúrsaí eacnamaíocha na tíre agus nuair a bhí rátaí úis íseal go leor. Ach ag teacht isteach sna hochtóidí, is é a mhalairt de scéal a bhí ann: cúlú eacnamaíoch agus rátaí úis an-ard. Dá dheasca sin, bhí na comharchumainn céasta.

Is suimiúil nuair a bhí Bord Forbartha Garbhchríocha na hAlban (HIDB/HIE) ag smaoineamh ar scéim dá chuid féin a chur i bhfeidhm chun comharchumainn phobail a chothú, thángadar go hÉirinn chun staidéar a dhéanamh ar na comharchumainn anseo agus d'aithníodar na fadhbanna go léir atá luaite agam anseo. Dá bharrsan chumadar scéim faoi leith chun deighleáil leis na fadhbanna seo. Go háirithe, ghealladar punt mar dheontas i gcomhair gach punt i scairchaipiteal a gheobhadh gach comharchumann go háitiúil. Thug sé sin spreagadh don chomharchumann breis caipitil a lorg ón phobal. Mar sin, ag tús na n-ochtóidí, bhí an gnáthscairchaipiteal i measc na gcomharchumann Albanach thar trí oiread níos mó ná mar a bhí sé in Éirinn. Ag an am gcéanna, dúirt an HIDB nach dtabharfadh siad cúnamh do aon chomharchumann mura mbeadh plean forbartha déanta amach acu roimh ré. Ciallaíonn sé sin go raibh an plean sin ann chun treo agus treoracha a thabhairt don eagraíocht nuair a chuir sí chun oibre an chéad lá.

Fadhbanna Seachtracha

Ceithre chinn faoi leith:

(1) Fadhbanna ó thaobh iasachtaí a fháil ón mbanc, toisc chomh neamhghnáthach agus atá na comharchumainn mar ghnólachtaí tráchtála, agus, b'fhéidir, chomh maith toisc nach raibh muinín ag na bainc astu siúd go raibh bainisteoireacht na gcomharchumann ina lámha acu.

(2) Níos tábhachtaí fós ab ea an gaol idir na comharchumainn agus Gaeltarra Éireann/Údarás na Gaeltachta (UNG).

Caithfear a rá go bhfuair na comharchumainn an-chuid airgid ón Údarás (chomh maith leis an deontas bainisteoireachta ó Roinn na Gaeltachta). Ach cuid mhaith de seo, is cúnamh éigeandála a bhí i gceist nuair a bhí comharchumainn i dtrioblóid. Níl aon amhras ach nach raibh na gaolta idir na comharchumainn agus UNG rómhaith nuair a bhí an taighde ar siúl againn, ach nílimid cinnte faoi cad a bhí taobh thiar den teannas seo.

Ceann de na gearáin a bhí ag na comharchumainn ná nach raibh aon pholasaí faoi leith ag an Údarás i dtaobh na gcomharchumann, faoi mar a bhí ag an HIDB i dtaobh na gcomharchumann in Albain. I gcomparáid le cás na hAlban, marar cothaíodh na comharchumainn an chéad lá ag an HIDB, i gcás na hÉireann, d'fhás na comharchumainn go neamhspleách as phobail na Gaeltachta. B'fhéidir gur cheap Gaeltarra go raibh na comharchumainn ag caitheamh scáth orthu a léirigh go raibh ag teip orthu; nó b'fhéidir gur cheap Gaeltarra/UNG go raibh siad in iomaíocht leis na comharchumainn ó thaobh forbairt na Gaeltachta de.

B'fhéidir freisin, mar a luadh cheana, gur mhó suim a bhí ag oibrithe an Údaráis bheith ag plé le gnólachtaí iasachta, agus nár thug siad aon tábhacht do bheith ag deighleáil le heagraíochtaí tuata cosúil leis na comharchumainn. B'fhéidir go raibh dearcadh ag lucht an Údaráis ar conas an próiseas forbartha a chur ar aghaidh a tháinig salach ar dhearcadh na gcomharchumann, agus nach raibh aon chomhthuiscint idir an dá thaobh. Nó b'fhéidir go raibh na comharchumainn ag cur gach saghas brú ar an Údarás, agus gur ghin sé sin frithghníomhú diúltach i measc lucht an Údaráis.

Níl mé féin in ann a rá cad iad na cúiseanna a bhí taobh thiar de sheasamh an Údaráis i dtaobh na gcomharchumann, nó fiú an raibh dearcadh diúltach (nó ar a laghad neamhdheimhneach) ag an Údarás ina dtaobh ar chor ar bith; ach is cinnte go raibh polasaí an HIDB in bhfad níos cuimsithí agus níos deimhní. Seachas an chabhair airgid a bhí ar fáil do chomharchumainn na hAlban, agus an chaoi inar cuireadh ar fáil é, bhí foireann oibrithe taistil ag an HIDB chun cabhrú le bunú comharchumann agus chun cabhrú leo tar éis a mbunaithe; tugadh comhairle teicniúil, cuntasaíochta agus díoltóireachta do na comharchumainn ag feidhmeannaigh an HIDB; agus tugadh cúnamh freisin do na comharchumainn chun comhlachas dá gcuid féin a bhunú (ACE-HI), ionas go bhféadfaidís bheith in ann maireachtaint ar a n-acmhainní féin de réir a chéile.

Rud a chuaigh i bhfeidhm go mór ormsa féin ná an tuiscint a bhí acu siúd a bhí i gceannas ar an Roinn den HIDB a bhí ag plé leis na comharchumainn ar fhadhbanna agus riachtanais na gceantar ina raibh na comharchumainn suite agus ar riachtanais na gcomharchumann féin. Ina theannta san bhí fealsúnacht leathan agus fadtéarmach acu i dtaobh an phróiseas forbartha phobail – rud nach raibh le feiscint agamsa i gcás an Údaráis.

(3) Tugann sé sin mé go dtí an tríú fadhb seachtrach a bhí ag na comharchumainn nuair a bhíomarna ag plé leo. Sé sin nach raibh aon pholasaí ginearálta ag rialtas na hÉireann i dtaobh fhorbairt phobail i gcoitinne; mar sin, ní raibh aon stádas foirmeálta ag comhairlí nó comharchumainn phobail ná aon chóras chun cabhair airgid leanúnach a thabhairt dóibh, go háirithe chun tacaíocht a thabhairt dóibh san obair chultúrtha agus shóisialta a bhí ar siúl acu. Is ceist an-leathan í seo, agus níl an t-am agam plé léi a thuilleadh.

(4) Fadhb eile sheachtrach a bhí ag na comharchumainn ná chomh lárnaithe agus atá áisíneachtaí an stáit sa tír seo, le córas údarás áitiúil atá an-lag i gcomparáid le tíortha eile na hEorpa. D'fhág sé sin go raibh na comharchumainn ag deighleáil le han-chuid áisíneachtaí stáit, gach ceann acu lárnaithe i mBaile Átha Cliath, agus gan aon chomhoibriú nó comhordú eatarthu. Gan aon amhras ídíodh an-chuid de fhuinneamh na gcomharchumann – fuinneamh go raibh an-bhrú air cheana féin – ag iarraidh deigheáil leis an gcóras bacainneach seo.

In ainneoin na bhfadhbanna seo go léir, de réir dealraimh tá an chuid is mó de na comharchumainn a bhí ag feidhmiú nuair a bhí an obair taighde ar siúl againn deich mbliana ó shoin fós ar an saol, cé go bhfuil athruithe móra tagtha ar na rudaí atá a ndéanamh ag roinnt acu, de réir cosúlachta. Agus, ar ndóigh, tá leaganacha éagsúla den chomharchumann phobail scaipthe ar fuaid na tíre. Chuir Comhlucht Forbartha na Sionna (SFADCO) a scéim féin chun comharchumainn a chothú i bhfeidhm i 1982 agus chuir an Youth Employment Agency (atá ina chuid den eagraíocht FÁS anois) scéim náisiúnta ar siúl bliain ina dhiaidh sin.

Seachas an chabhair atá ar fáil ó na háisíneachtaí seo, tá an-chuid airgid curtha ar fáil do ghrúpaí áitiúla in Éirinn le blianta beaga anuas, go háirithe ó scéimeanna éagsúla a bhaineann leis an gComhphobal Eorpach. Agus tá an-bhéim anois ar phrionsabal na comhpháirtíochta (''partnership''), go háirithe comhpháirtíocht idir phobail áitiúla, an earnáil phríobháideach agus áisíneachtaí an stáit. Cé go bhfuil obair an-fhiúntach tar éis teacht as na scéimeanna seo, caithfidh mé a rá go bhfuil mé an-amhrasach i dtaobh na comhpháirtíochta seo. Sé mo thuairim féin nach féidir comhpháirtíocht cheart a chruthú go dtí go ndéantar dílarnú mór cumhachtaí ón stát lárnach go dtí na húdaráis áitiúla, áit a mbeidh siad – tá súil agam – níos comhordaithe agus níos cóngaraí don phobal aitiúil.

Agus cad mar gheall ar áit an phobail áitiúil sa phróiseas forbartha? Bhuel, glacaim leis gur chóir go mbeadh áit lárnach ag an bpobal áitiúil sa phróiseas sin, ach ní i bhfoirm an chomharchumainn. Sé mo thuairim féin gur cóir go mbeadh eagraíocht ionadaíoch, nó comhairle phobail, i ngach pobal agus, cé gur féidir leis an eagraíocht seo cabhrú leis an bpróiseas forbartha, ní dóigh liom gur mhaith an rud é go mbeadh an eagraíocht seo páirteach go díreach i ngnólachtaí tráchtálacha.

Sí an chúis go ndeirim é seo ná go gceapaim gur chóir go mbeadh gaol díreach idir fiontar agus priacal, ar thaobh amháin, agus cúiteamh nó luach saothair, ar an taobh eile, in aon ghnó tráchtálach. Ní raibh sé sin fíor i gcás na gcomharchumann Gaeltachta. Dá gcuirfidís sin gnó ar siúl, agus dá dteipfeadh air, ní hiad na daoine a bhí díreach páirteach ann a chaillfeadh an t-airgead, ach an pobal i gcoitinne, a chuir an t-airgead isteach an chéad lá.

Ar ndóigh, is ar an mbonn seo a deirim nach comharchumainn i ndáiríre iad na comharchumainn Ghaeltachta. Dar liomsa, sé croílár an téarma seo ná go mbeadh páirtíocht leanúnach ag na scairshealbhóirí in obair na heagraíochta, agus go bhfaighidís leas as i gcomhréir leis an iarracht a chuireann siad isteach. Is cinnte nach mar sin a bhí rudaí i gcás na gcomharchumann.

Ó na suirbhéanna a dheineamar, bhí sé le feiscint gur bheag páirtíocht, nó fiú amháin suim, a chuir formhór na scairshealbhóirí sna comharchumainn, seachas an síntiús airgid a chuireadar isteach an chéad lá. Agus, ar ndóigh, thángamar ar chásanna nuair a bhí daoine ó theaghlaigh éagsúla ag gearán toisc go bhfuair daoine ó theaghlaigh eile postanna sa chomharchumann, cé gur íocadar go léir an síntiús céanna. Sa chás seo, ní raibh aon cheangal idir airgead a chur isteach agus leas a bhaint, ceangal ar chóir é a bheith mar bhunphrionsabal ag gach comharchumann.

Mar sin, molaim do na comharchumainn coimeád do sheirbhísí a chuireann leas ar fáil don phobal i gcoitinne, agus fanacht amach ó imeachtaí ina bhfuil an leas teoranta do dhaoine áirithe. Ar ndóigh, is beag aithint a fhaigheann na comharchumainn ó na rudaí úd nach scaipeann leas go foirleathan i measc an phobail. Mar shampla, sa suirbhé a dheineamar i gCorca Dhuibhne, d'iarramar ar dhaoine gníomhaíochtaí CFCD a ainmiú. Bhí an chuid is mó acu in ann an míntíriú agus na coláistí samhraidh a luadh, ach is beag daoine a luaigh an fheirm taispeántais agus na tithe gloine, mar shampla. Mar an gcéanna, i gcás na gcomharchumann i gConamara, luadh an soláthar uisce píopaithe agus na coláistí samhraidh ag an tromlach, ach níor luaigh ach mionlaigh bheaga rudaí cosúil le lámhcheardaíocht, foilsitheoireacht agus tigíní saoire.

I mo thuairimse, ba chóir go mbeadh úinéireacht gnónna beaga cosúil leo seo i lámha na ndaoine atá ag obair iontu, ach go bhféadfadh leis an eagraíocht phobail cúnamh a thabhairt dóibh trí, mar shampla, foirgnimh agus áiseanna oifige a chur ar fáil dóibh. Ach ba chóir táillí tráchtálacha a ghearradh ar na seirbhísí seo. Níl aon todhchaí i ndán do ghnó munar féidir leis feidhmiú ar bhonn tráchtálach, agus ní maith an polasaí do eagraíocht phobail bheith ag tabhairt fóirdheontais faoi cheilt do ghnónna laga.

Mar fhocal scoir, sé mo thuairim féin go bhfuil áit an-tábhachtach don eagraíocht phobail i gcothú an phróiseas forbartha. Thaispeáin na comharchumainn Ghaeltachta cad is féidir, agus cad *nach* féidir, a dhéanamh, ag an leibhéal seo. Ach caithfimid a bheith réidh triail a bhaint as struchtúir nua, agus modhanna oibre nua, d'fhonn teacht ar an mbealach is fearr chun an próiseas seo a chur i gcrích.

Stair Chomharchumann Forbartha Chorca Dhuibhne 1967-1994

AN FHOIREANN FÉIN

Bunaíodh Comharchumann Forbartha Chorca Dhuibhne i 1967. Bhunaigh Rialtas na linne foirne forbartha do chontaethe iarthair tíre agus i gCiarraí bunaíodh fo-choiste den bhfoireann forbartha chun freastal ar leith a dhéanamh ar Ghaeltacht Chorca Dhuibhne.

Ar an bhfo-choiste seo buí Aibhistín de Staic, Rúnaí an Chomhairle Chontae, Roibeard Ó Buachalla, Príomh-Oifigeach Feidhmiúcháin Choiste Gairm-Oideachais agus Micheál Ó Ceallacháin, Innealtóir an Chontae.

Thionóladar roinnt cruinnithe ar an mBuailtín. Bhí dhá phríomh-mholadh acu:

1. Go mbunófaí Comharchumann.
2. Go dtógfaí Hallaí Pobail.

Beartas píolóite a bhí ann. Toghadh coiste sealadach le gníomhú ar son pharóistí uile na Gaeltachta, chun an comhar-chumann a thabhairt ar an saol agus chun halla a thógaint ar an mBuailtín mar thosnú. Lean fo-choiste an Chontae ar feadh tamaill ag tacú leis an gcoiste áitiúil agus á gcomhairliú agus ag réiteach an bhealaigh dóibh chomh mór agus ab fhéidir.

In airde leis an seolta agus way leis an gCoiste ag bailiú scaranna £1 ó thigh go tigh i gCorca Dhuibhne agus i bhfad ó bhaile agus fiú thar lear i Meiriceá agus Sasana. £800 a bailíodh go háitiúil in aghaidh an tsrutha agus thug so muinín agus dóchas dúinn.

Beartaíodh ar halla réamhdhéanta a chur suas ar an mBuailtín. Bhí sé ina sheasamh agus ullamh le feidhm a bhaint as laistigh de sheachtain. Cuireadh ceann eile díreach mar é suas i gCeann Trá. Roinn na Gaeltachta a sheasaimh leis na costais. Thoilíodar chomh maith íoc as costaisí riaracháin go ceann chúig mbliana, nó go mbeadh an comharchumann óg ábalta seasamh ar a chosa féin.

Chaith Seán Ó hÉalaí, leath-bhliain inár bhfarradh agus ina dhiaidh siúd ceapadh Antaine Bairéad mar Bhainisteoir. Thug Antaine bliain ag broic le bunú an Chomharchumainn agus ina dhiaidh sin ceapadh Micheál Mac Giobúin mar chomharba air. Ó 1982 i leith tá Gearóid Ó Brosnacháin ina Bhainisteoir.

Cúrsaí Samhraidh

I 1969 tosnaíodh ar chúrsa samhraidh a eagrú i rith míosa Iúil agus Lúnasa do dhaltaí iarbhunscoile agus d'ábhair múinteoirí ar mhian leo feabhas a chur ar a gcuid Gaeilge. D'fhreastal 650 dalta an chéad bhliain. I 1994 d'fhreastail 2300 dalta ar na cúrsaí seo. Anois tá cúrsaí samhraidh á reachtáil againn sna hionaid seo leanas:

> Ceann Trá, Feothanach, Cill Mhic a' Domhnaigh, Minaird, Muiríoch, Baile an Fheirtéaraigh agus coláiste cónaithe i gColáiste Íde, Baile an Ghóilín.

Tá cúrsaí speisialta ard-teistiméireachta á reachtáil againn chomh maith le cúrsaí do leanaí bunscoile, sa Daingean agus in Abhainn an Scáil. Sa bhliain 1982 déanadh forbairt bhreise nuair a cuireadh tús le cúrsaí deireadh seachtaine i rith an gheimhridh do dhaltaí iarbhunscoile go bunúsach. Sa bhliain 1993/1994 d'fhreastail timpeall ar 800 duine orthu sin.

Reachtáltaí coirmeacha ceoil, seimináir ar ghnéithe éagsúla de shaol an duine, rincí agus fiú drámaí ó am go chéile.

Míntíriú talún

Sa bhliain 1969 thosnaigh an Comharchumann ar scéim míntíriú talún do fheirmeoirí an cheantair. Idir an bhliain sin agus 1984, nuair a tháinig an scéim seo chun críche tugadh breis agus 14,000 acraí talún dóibh chun míntíreachais i gceantar Chorca Dhuibhne. Bhain breis agus 600 feirmeoir leas agus tairbhe as an obair míntírithe seo agus cuireadh oiread eile le talamh torthúil na Gaeltachta dá bharr.

Dhein an Dochtúir Tomás Ó hUigín ón Institiúid Talmhaíochta suirbhé ar an toradh a bhí air. Tháinig feabhas ar chúrsaí bainistíochta feirme agus bólachtaí i dtreo gur cuireadh feabhas ar thithe le linn na tréimhse céanna.

Feirm Taispeántais

Sa bhliain 1978 cheannaigh Údarás na Gaeltachta feirm 52 acra i nGallarus agus thóg an Comharchumann ar léas é chun feirm taispeántas déiríochta a fhorbairt. Deineadh breis agus 30 acra den fheirm seo a mhíntíriú agus tógadh clós agus tithe feirme nua. Sa chéad bhliain bhí 25 beithígh dortha ar an bhfeirm. Anois tá cuóta bainne ag an bhfeirm seo de 34,500 gallún agus tá 35 ba bainne ar an bhfeirm faoi láthair.

Tithe Gloine

Déanadh iarracht ar bhreis fostaíochta a sholáthar i gCorca Dhuibhne trí thithe gloine a fhorbairt. Chuige seo tógadh dhá acra gloine ar an bhFearann. Tosnaíodh ar thrátaí a sholáthrú anseo sa bhliain 1975. De réir a chéile méadaíodh ar an dtáirgíocht suas go dtí 100 tonna don acra. Bhí seisear nó mar sin fostaithe go seasmhach i rith an tséasúir agus bhíodh suas le dosaen eile fostaithe go sealadach ann. Cé go raibh an táirgíocht an-mhaith agus caighdeán na dtrátaí go maith chomh maith, ní raibh ar ár gcumas iomaíocht leis an hOllannaigh a fuair foirdheontais ola ón rialtas acusan agus mar sin bhí orainn éirí as an ngnó seo sa bhliain 1986.

Scéim na nGlasraí

Fuair an Comharchumann léas talún ar an Gorta Dubha agus Imileá ina dtugadh faoi bheartas trialach cur ghlasraí, cairéidí, oiniúin, prátaí, cabáiste agus cóilis.

Tugadh faoi phlandaí cogaisíochta leis. D'éirigh réasúnta maith leo ar dtús ach dhein an aimsir an-díobháil cúpla bliain i ndiaidh a chéile agus beartaíodh ar éirí as an obair seo de bharr easpa córas oiriúnach margaíochta a bheith againn.

Nuacht Chorca Dhuibhne

Foilsíodh Nuachtlitir "Nuacht Chorca Dhuibhne" cúpla uair in aghaidh na bliana. Bunaíodh fo-chomhlucht den gComharchumann, Cló Dhuibhne chuige seo i 1977.

D'fhoilsigh Cló Dhuibhne *An Béaloideas agus an Litríocht* le Bo Almqvist, *Cogarnach Ár gCósta* le Gearóid Ó Cíobháin, *Ar Seachrán* le Tomás Ó Cinnéide, *Leoithne Aniar* faoi eagarthóireacht Phádraig Tyers agus *Treoirleabhar ar Shéad-Chomharthaí Chorca Dhuibhne* le Doncha Ó Conchúir.

Oidhreacht Chorca Dhuibhne

Sa bhliain 1980, tar éis ceiliúradh a dhéanamh ar Dhún an Óir (1580) bheartaigh an Comharchumann ar fo-chomhlucht eile, Oidhreacht Chorca Dhuibhne, a bhunú chun aird an phobail a dhíriú ar ár nOidhreacht. Cuireadh taispeántas seandálaíochta le chéile agus cuireadh é seo ar siúl in áiteanna éagsúla sa Daingean agus i mBaile an Fheirtéaraigh ar feadh cúpla bliain.

Sna blianta 1984 go dtí 1986, deineadh athchóiriú agus deisiú ar an seanscoil i mBaile an Fheirtéaraigh le cabhair airgid ó Mhuintir Dunfey agus an Ireland Fund agus le tacaíocht ó FÁS. Oslaíodh an tIonad seo go oifigiúil mar Láthair Oidhreachta i Mí Iúil, 1986.

Suirbhé Seandálaíochta

Tosnaíodh ar shuirbhé ar shéadchomharthaí Chorca Dhuibhne i Mí Eanáir, 1982. Bhí naonúr d'fhoireann i mbun na hoibre seo a bhí faoi threoir Coiste Stiúrtha ar a raibh seandálaithe aitheanta chomh maith le baill áitiúla de Choiste Oidhreacht Chorca Dhuibhne. Foilsíodh toradh an tsaothair seo i leabhar téagartha 400 leathanach a sheol an tUachtarán Pádraig Ó hIrighile, ar an 18ú Iúil, 1986. Tá breis agus 2,000 cóip den leabhar seo díolta ó foilsíodh é.

Tochailt i Dún Úrlann

Sa bhliain 1990, tosnaíodh ar thochailt a dhéanamh ar láthair seandálaíochta mheánaoiseach sa seanreilig i nDún Úrlann. Arís chuir an Ireland Fund agus Muintir Dunfey an t-airgead ar fáil chuige seo agus bhí seachtar fostaithe sa chéad seasúr. Ag an am céanna deineadh an seanreilig i nDún Úrlann a athchóiriú agus a ghlanadh. Deineadh an obair seo le scéim FÁS. Sa dá bhliain ina dhiaidh sin deineadh athchóiriú ar an seanseipéal agus cuireadh ar ais é sa tslí a bheadh sé ag an am.

Seo cur síos gairid ar chuid de imeachtaí agus de ghníomh-aíochtaí Oidhreacht Chorca Dhuibhne:

Scéim Teangan

Cuireadh tús le scéim teangan i gcomhar le hInstitiúid Teangeolaíochta Éireann ceathar nó cúig de bhlianta ó shin. Bronntar duaiseanna faoin scéim seo gach bliain. Tá an scéim seo á reachtáil againn i gcomhar leis an Roinn Ealaíon, Cultúir agus Gaeltachta. Tá an scéim seo ann chun creidiúint a thabhairt do thuismitheoirí leanaí atá sárlíofa i nGaeilge roimh aois scoile.

Na Bunscoileanna

Tá scéim téacsleabhair bunscoile i gcomhar le eagraíocht na scoileanna Gaeltachta á reachtáil againn ó 1992. Tá dhá aidhm leis an tionscnamh seo:

(a) Litríocht agus canúint an cheantair a chur faoi bhráid daltaí na Gaeltachta.

(b) Ábhar éisteachta a chur ar fáil chun feabhas a chur ar fhoghraíocht na leanaí.

Tá 22 alt foilsithe go dtí seo i gcomhar le heagraíocht na scoileanna Gaeltachta agus leanfar ar aghaidh leis na haltanna seo go dtí Samhradh, 1994. Tá sé i gceist dhá leabhar a chur amach mar go mbíonn dhá rang i ngach seomra ranga sa Ghaeltacht de ghnáth. Siad na haltanna is fearr a chuaigh i bhfeidhm sna seomraí ranga a fhoilseofar i bhfoirm leabhair amach anseo.

Tionscnamh Bhéaloideas na Scol

Is é an aidhm leis an obair seo ná an bailiúchán ó na tríochadaí a fhorbairt do leanaí an lae inniu. Tá na cóipeanna den ábhar seo a leanas curtha ar fáil cheana féin: scéalta grinn, géarleanúint, na tiarnaí talún agus an drochshaol. Tá na finscéalta á fhorbairt faoi láthair. Rognófar samplaí do na scoileanna agus cuirfear samplaí ar fáil do na muinteoirí. Caithfear ábhar comhaimsire a fháil do na leanaí agus scileanna scéalaíochta a mhúineadh chomh maith. Tá an obair seo á dhéanamh againn i gcomhar le Coláiste Mhuire gan Smál i Luimneach. Tá sé beartaithe go leanfaidh pacáistí oideachais an obair seo ar fad i gceann bliana.

Tá innéacs iomlán den ábhar á chur ar ríomhaire faoi láthair idir bhéaloideas agus bailitheoirí. Tá an bunscoileanna ar fad i gCorca Dhuibhne agus sa Leitriúch páirteach sa tionscnamh seo.

Amhránaíocht ar an Sean-Nós

Eagraítear ranganna amhránaíochta ar an sean-nós in ionaid éagsúla ar fuaid Chorca Dhuibhne gach bliain.

Aisteoir sa Seomra Ranga

Seo scéim a chuir Oidhreacht Chorca Dhuibhne ar bun sa bhliain 1993, i scoileanna Dún Chaoin, Baile an Fheirtéaraigh agus Mhaolcéadair. Deineadh éagsúlacht oibre leis na daltaí i gcomhar le múinteoirí na scoileanna agus bhí aisteoir gairmiúil i mbun na hoibre. Cuireadh taispeántais éagsúla ar thraidisiún Lá an Dreoilín i láthair mar shampla.

Féile na Cásca

Cuireadh tús leis an bhféile ealáine seo i 1974 agus tá sé ag leanúint ar aghaidh go fóill aimsir na Cásca. Glacann thart ar 50 ealaíontóir páirt ann gach bliain móide taispeántas ealaíona ó leanaí scoile na háite.

Leabharlann

Bhronn an tIar-Sagart Paróiste, an tAthair Micheál Ó Ciosáin, agus Micheál Ó Lúing a gcuid leabhar ar an Oidhreacht agus dhein leabharlannaí gairmiúil clárú iomlán ar na leabhra seo. Áis iontach is ea an leabharlann seo do mhic léinn agus do mhuintir na háite agus tá sé ar fáil d'éinne gur mian leo úsáid a bhaint aisti.

Cúrsaí Gaeilge do Dhaoine Fásta

Tá na cúrsaí seo á n-eagrú ag Oidhreacht Chorca Dhuibhne le tamall de bhlianta anuas agus sa bhliain 1993 d'fhreastal breis agus 100 duine ar chúrsaí do dhaoine fásta. Eagraítear cúrsaí speisialta do mhuinteoirí Meánscoile mar chabhair dóibh an t-ábhar a mhúineadh trí mheán na Gaeilge chomh maith. Deintear cúrsaí Gaeilge do dhaoine fásta a reachtáil in ionaid éagsúla ar fuaid Chorca Dhuibhne sa Gheimhreadh chomh maith.

Éigse Chorca Dhuibhne

Tá Éigse Chorca Dhuibhne á reachtáil ag an Oidhreacht ó 1988. Bhí an séú ceann ann i Meán Fhómhair na bliana seo caite ar an téama An Comharchumannachas agus an Mheitheal. Éiríonn go maith leis na hócáidí seo agus bíonn freastal maith orthu. Cuirtear leabhar ar ábhar gach éigse amach chomh maith a bhíonn foilsithe ag An Sagart faoi stiúir an Chanónaigh Pádraig Ó Fiannachta.

Cúrsa ar an Dúlra

Eagraítear cúrsaí timpeallachta san Earrach i gcomhar le Coiste Gairmoideachais Co. Chiarraí.

Flora Chorca Dhuibhne

Tosnaíodh ar an togra seo i 1988 agus tá an obair ar an saothar seo gar do a bheith críochnaithe anois agus tá socraithe á dhéanamh faoi láthair chun an leabhar seo a chur i gcló. Is cinnte go mbeidh an leabhar seo foilsithe sa bhliain 1994.

Tomás Mac Gearailt agus Seán Ó Fáilbhe, Príomh-Fheidhmeannach Choiste Ghairmoideachais Co. Chiarraí, ag seoladh an tSuirbhé Seandálaíochta i Músaem Chorca Dhuibhne i mBaile an Fheirtéaraigh.

Seoladh an tSuirbhé – sa phictiúr – An tOllamh Tomás Ó Fainín, Judith Cuppage (Eagarthóir), An tUachtarán Pádraig Ó hIrighile, Doncha Ó Conchúir, Tomás Mac Gearailt, Gearóid Ó Brosnacháin.

Tomás Ó Crualaoich, Pádraig Ó hIrighile, Antaine Ó Sé agus Doncha Ó Conchúir ag seoladh an tSuirbhé Seandálaíochta.

Doncha Ó Conchúir, Tomás Mac Gearailt agus Antaine Ó Sé ag oscailt an Mhúsaem i mBaile an Fheirtéaraigh.

An tAthair Micheál Ó Ciosáin agus Pádraig Tyers.

Taispeántas Ealaíne 1992 – le Pádraig Feirtéar, Tomás Mac Gearailt agus Antóin de Baréid.

Tomás Mac Gearailt ag bronnadh trátaí Chorca Dhuibhne ar Phádraig Ó Floinn (atá anois mar Choimisinéir ar imeachtaí sóisialta sa Chomhphobal Eorpach), lasmuigh de Thigh Laighean i 1982. Sa phictiúr leis tá Liam Tóibín, Rúnaí Roinn na Gaeltachta, agus Gearóid Ó Brosnacháin.

Pat Bolger

Cúrsaí Ríomhaireachta

Thosnaigh an Comharchumann ar chúrsaí ríomhaireachta a reachtáil i 1983 agus tá na cúrsaí á reachtáil acu ó shin. I 1987 deineadh na cúrsaí seo a leathnú amach go dtí Gaeltacht Chonamara. Deintear na cúrsaí seo a reachtáil do FÁS agus cúrsaí 22 seachtaine a bhíonn againn sa Daingean agus cúrsaí 26 seachtaine i gConamara de ghnáth. Tá ag éirí go maith leis na cúrsaí seo ó thosnaíodar agus tá suas le 90% díobh siúd a d'fhreastal ar na cúrsaí ó 1983 i leith ag obair. Tá na cúrsaí seo á reachtáil againn sa Daingean i seomra atá ar cíos againn ó Bhord Bainistíochta Meánscoil na mBráithre.

Tá cúrsaí ríomhaireachta á reachtáil againn chomh maith ó 1991 i leith in ionad traenála Údarás na Gaeltachta sa Daingean. Tá siad seo dírithe ar bhliain 5 sna meánscoileanna seo leanas: Meánscoil na Toirbhirte sa Daingean, Meánscoil na mBráithre sa Daingean, Coláiste Íde i mBaile an Ghóilín, Ceardcholáiste an Choireáin agus Meánscoil Nioclás sa Rinn. Úsáidtear áiseanna GCom sa Daingean chun na cúrsaí seo a reachtáil.

Scéim Fostaíochta Sóisialta

I Meán Fhomhair, 1993, thosnaigh an Comharchumann ar scéim fostaíochta sóisialta a reachtáil do FÁS i gceantar Chorca Dhuibhne. Tá 32 ag obair ar an scéim seo faoi láthair agus leanfaidh sé ar aghaidh go dtí Meán Fhómhair, 1994. Sé an sórt oibre atá ar bun ná cothabháil agus glantóireacht scoileanna, obair cothabhála ar hallaí pobail agus obair oifige agus taighde. Seo liosta na ndaoine agus n-áiteanna ina bhfuil siad ag obair faoin scéim:

Líon	*Áit*
5	Coiste Forbartha Fionntrá
3	Oidhreacht Chorca Dhuibhne
1	Halla na Feothanaí
4	Meánscoil na mBráithre sa Daingean
1	Bunscoil Cheann Trá
1	Bunscoil Chill Mhic a' Domhnaigh

1	Bunscoil an Chlochair sa Daingean
1	Bunscoil an Fheirtéaraigh
1	Bunscoil na mBráithre sa Daingean
2	Séipéal an Daingin
3	Club Seoltóireachta Chorca Dhuibhne
2	Meánscoil an Chlochair sa Daingean
2	Coláiste Íde, Baile an Ghoilín
1	Séipéal Bhaile an Fheirtéaraigh
1	Bunscoil Naomh Eirc, Feothanach
1	Bunscoil Mhaolcéadair, Muiríoch

Tá na daoine fostaithe ag an gComharchumann agus cuireann FÁS airgead ar fáil dúinn chun díol as pá, srl.

Tá seirbhís iontach á chur ar fáil ag an Comharchumann do na heagraisí agus na scoileanna thuas ó thaobh riaradh na scéime de mar dá mba rud é ná rabhadar fostaithe faoin ngrúpascéim seo bheadh ar gach eagraíocht agus scoil thuasluaite clárú leis an gcigire cánach mar fhostóir agus a bheith ag déileáil go seachtainiúil le cúrsaí pá, cáin, srl. Tá an obair seo ar fad á dhéanamh ag an gComharchumann dóibh.

Seirbhísí d'eagrais eile

Cuireann an Comharchumann áiseanna oifige ar fáil do Mheitheal Forbartha na Gaeltachta atá ag plé le scéim LEADER do na ceantair Ghaeltachta agus do Chomhchoiste Forbartha Chorca Dhuibhne; tá córas iomlán rúnaíochta, cuntasaíochta, pá rolla agus mar sin de curtha ar fáil dóibh.

Leanadh ar aghaidh le comhoibriú i rith na bliana le Coiste Fondúireacht an Bhlascaoid agus chuir an Comharchumann oifigí agus córas oifige ar fáil dóibh nuair a bhíodar i mbun an fheachtais ar dtús. Tá comhoibriú ann i gcónaí agus bhí an Comharchumann gníomhach i mbunú agus in imeachtaí Comhar Creidmheasa Chorca Dhuibhne. Cuireann an Comharchumann fo-oifig ar fáil dóibh i mBaile an Fheirtéaraigh i gcónaí.

Cuireann an Comharchumann seirbhísí oifige, rúnaíochta, clóscríbhneoireachta, cóipeáil, faics, srl, ar fáil i gcónaí d'aon eagras nó dream go mbíonn a leithéid uathu, mar shampla, Cumann Peile na Gaeltachta, srl.

Cuireann an Comharchumann oifig ar fáil do Theagasc leath lá sa tseachtain. Tá an-éileamh ag feirmeoirí an cheantair ar an tseirbhís seo.

Reachtáltar naíscoil i halla an Comharchumann i mBaile an Fheirtéaraigh.

Deintear an-chuid oibre deonaí ar son an phobail agus do mhórán eagraisí eile idir chomhairle, am agus treoir. D'eascraigh Marglann an Daingin agus Comharchumann Uan Chiarraí as saothar an Chomharchumainn.

Ba mhaith linn ár mbuíochas a chur in iúl don Roinn Ealaíon, Cultúir agus Gaeltachta, Údarás na Gaeltachta, Roinn Oideachais, FÁS, do na Coistí Gairmoideachais agus do Choiste Teagasc a chabhraíonn linn; do Meitheal Forbartha na Gaeltacha, Scéim LEADER, don American Ireland Fund agus Muintir Dunfey a thugann cabhair fhlathúil dúinn i gcónaí. Muna mbeadh an chabhair seo a bheith ar fáil dúinn ó na daoine agus na heagrais thuas bheadh sé an-deacair dúinn feidhmiú.

An Chéad Choiste 1967: Pádraig Bric (ná maireann), Antaine Ó Sé, Seán Ó Maoileoin, Doncha Ó Conchúir, Micheál Ó Sé, Muiris Ó Sé (ná maireann) agus Seán Ó Conchúir (ná maireann).

Eadar Èirinn an t-Slóigh 's Dùthaich Bhòidheach Mhic Cailein

An Ghàidhlig an Pobal agus an Comharchumannachas in Albain

An Dr. IAIN SEATHACH

Comunn na Gàidhlig>Iomairt na Gàidhealtachd

Blianta beoga is ea blianta an deichniúir seo don Ghàidhlig in Albain mar go bhfuil an oiread sin athruithe ag dul ar stádas agus ar thodhchaí na teanga agus an chultúir. Tá sé á thabhairt faoi deara níos mó agus níos mó go bhfuil an tAontas Eorpach iná thaca ag daingniú agus ag buanú na teanga agus an chultúir agus á chur ar ár súile cé chomh saibhir agus atá ár ndúichí Ceilteacha. I lár na bhforbairtí seo go léir ba fhuras dearmad a dhéanamh de gur dhein na comharsain cultúir agus teanga is gaire dúinn, Gaeil na hÉireann, comaoin mhór a chur ar fhorbairt nua na ndúichí Gàidhleacha beagnach fiche bliain ó shin.

De Réir Sampla na Gaeltachta

In 1976 díríodh aird Bhord Forbartha na nGarbhchríoch agus na nOileán (BLGE – Bòrd Leasachaidh na Gàidhealtachd 's nan Eilean) ar an dul chun cinn a bhí déanta le deich mbliana roimhe sin ag na Comharchumainn Forbartha sna Gaeltachtaí in Éirinn. Cuireadh an cheist an mbeadh sé seo ina eiseamláir chuí do fhorbairt eacnamaíoch na nGarbhchríoch agus na nOileán. (B'é Brian Wilson M.P., comhbhunaitheoir Am Pàipear Beag, an chéad duine a dhírigh aird BLGE ar thábhacht na gcomharchumainn phobail.) Nuair a thug cuid de fheidhmeannaigh thábhachtacha BLGE a gcéad turas fiosrúcháin ar Chois Fharraige, Co. na Gaillimhe, d'aontaíodar go mba eiseamláir mhaith a bheadh ann d'Albain. Ar an turas seo agus ar thurasanna eile a lean é d'éirigh le foireann BLGE cuairt a thabhairt ar chúig chomharchumann agus labhairt leo siúd a bhí ag plé leo (Storey 1). Mar chéad chéim eile thug Robert Storey, ceann an Roinn Forbartha Sóisialta, turas ar Éirinn ag bailiú eolais. Ba é a ghnó ná a thuilleadh fíricí a bhailiú agus breith a thabhairt ar cé chomh bríomhar agus a d'fhéadfadh comharchumainn faoi cheannas phobal logánta a bheith i réigiúin imeallacha na nGarbhchríoch agus na nOileán. Thug Storey breith fabharach agus mhol go mbunófaí fiontar turgnamhach do chomharchumainn phobail go háirithe sna hOileáin Thiar.

Slabhra oileán 160 míle ar fhad iad na hOileáin seo agus is iontu atá an eacnamaíocht is leochailí agus is imeallaí sa Bhreatain, an eacnamaíocht sin bunaithe ar iascach, teicstílí, seirbhísí agus ar fheirmeoireacht bheag, croitéaracht is é sin. Cé go bhfuil an infrasruchtúr níos fearr ná mar atá i réigiúin imeallacha eile (m.sh. i gcuid d'iarthar an hÉireann) tá an-easpa beart fiontraíochta príobháidí ann; measadh go bhféadfadh Comharchumainn Phobail é sin a leigheas. Go dtí inniu féin tá an daonra gan athrú ó timpeall 30,000 ó lár na seachtóidí. Tá an eisimirce, go mór mór i measc na n-óg, an-ard. Tá an éifeacht chéanna shóisialta agus shiceolaíoch aige seo agus ag an dífhostaíocht anseo agus atá acu i réigiúin imeallacha eile. Is cainteoirí dúchais Gàidhlig formhór a bhfuil ag obair agus ag maireachtáil anseo (táid go léir dhátheangach) agus is í an chroitéaracht an bonn sóisialta atá ag na pobail thraidisiúnta Ghàidhlig. Chuir bunú Comhairle nan Eilean feabhas mór ar an scéal mar gur chuir sé rialtas logánta ar fáil sna hOileáin Thiar.

Tá Fadhb na nGarbhchríoch mar chúlra don spéis i gComharchumainn Phobail atá ag an muintir atá gafa le forbairt na nGarbhchríoch. Ó thús na seachtóidí bhí scríbhneoirí ag éirí amhrasach i dtaobh cuspa na "heacnamaíochta dúbalta", mar a mhol lucht na staire mar réiteach ar fhadhbanna eacnamaíochta an réigiúin, agus bhíodar á mheas nach le seanaimsireacht agus le sean-nós na bpobal imeallach a bhain na fadhbanna ach le polasaithe sóisialta agus eacnamaíochta na hAlban trí chéile (Condry 35-49). De réir na dtuairimí nua seo ní hamhlaidh atá na Garbhchríocha gan forbairt; is de thoradh imeachtaí i ndéantúisíocht Shasana oiread le nádúr phobal imeallach na nGarbhchríoch (déarfaimid Gàidhligeach) atá an bhéim ar fhoinsí príomhaí agus ar shaothar gan scil; tá an "ciorcal 'blás nó briseadh'" sna Garbhchríocha le dhá chéad bliain mar thoradh ar na polasaithe a bhí i bhfeidhm. Tá an dearcadh stairiúil ag socheolaíocht na Breataine tar éis an cás mar atá sé a cheilt, agus ar ndóigh tá droch-cháil ar an tsoceolaíocht chéanna de bharr mar a dhein sí faillí sna réigiúin imeallacha agus i ngach a dheighil iad ón Bhreatain tionscalaíoch. Is amhlaidh mar atá an scéal go bhfuil pobail bheaga sna Garbhchríocha, dá imeallaí iad, ag brath, is féidir a rá le ceart, ar shlite iomadúla beatha le teacht slán; tá meascán praiticiúil d'eacnamaíocht nua-aimsire agus den seanearra á fhorbairt de shíor agus á chur féin in oiriúint do chúinsí difriúla. Ní bac mór ar fhorbairt eacnamaíoch dá bhrí sin an sean-nós, ach cuid den réiteach ar "chúinsí éiginnte míbhuntáiste" atá glan réasúnta dar leis na pobail i gceist. Dá bhrí sin táthar ag éileamh go ndéanfaí athrú ar an gcaidreamh idir na réigiúin imeallacha agus an tsochaí lasmuigh trí bhreis béime a chur ar ghníomhaíocht an phobail i bpolasaithe forbartha na réigiún i gceist.

Admhaímid nach fórsaí seachtracha amháin is cúis leis an easpa fiontraíochta agus leis an gcúthaileacht go léir. Luann Storey (lgh 2-3) gur féidir iad sin a bheith de thoradh ar luachanna áirithe a bhaineann leis an tsochaí Ghàidhealach:

> In Oileáin Bhríde is deacair teacht ar dhaoine fiontracha i measc na n-oileánach féin. Tá na díormaí aoise ina mbeidís le fáil á n-ídiú go mór ag an eisimirce. Fadhbanna breise is ea an easpa caipitil agus an easpa taithí agus na deacrachtaí iomadúla a ghabhann le suíomh iargúlta. Tá éifeacht ag an gcultúr leis, an mhímhuinín a bhíonn ar ghrúpaí beaga agus iad ag plé leis an saol mór amuigh, agus deacrachtaí eile inmheánacha. Sampla de na deacrachtaí seo is déanaí is ea an t-ionannas atá faoi mheas i measc na bhfeirmeoirí beaga, na croitéirí, cé gur gné tharraingteach agus gné a thugann neart í seo ar uairibh. Bíonn de thoradh ar seo go gceaptar uaireanta gur éirí in airde sóisialta nó bagairt ar an gcomhar lógánta fiontraíocht an duine aonair.

Úsáidtear an focal *coimhearp* chun an dearcadh sóisialta seo a chur in iúl. Mar seo a shainmhínigh foclóirí áirithe Gàidhlig an focal seo níos luaithe sa chéad seo ''an emulation to be no better than my neighbours, a hateful characteristic of many crofters . . . waiting for the other man to do it first.'' Taistealaithe go hEilean Hiort in 1843 a chéad luaigh an tréith seo.

Agus nithe mar sin ar chúl a n-aigne acu, thuig oifigigh de chuid BLGE go raibh ag éirí go han-mhaith le fiontair a bhí bunaithe ar an bpobal cé gur dheacair fiontraíoch aonair a aimsiú. I ngeimhreadh na bliana 1976-'7 deineadh coincheap an Chomharchumann Pobail a phromhadh i seisiúin eolais agus an sampla Éireannach á thabhairt de cé mar a d'fhéadfaí tairbhe a bhaint ''féinchabhair'' agus údarás an phobail. Ina dhiaidh sin tháinig saineolaithe forbartha ó Éirinn agus Aire na Gaeltachta ar cuairt. Cuireadh tús leis an scéim Samhain 1977 nuair a ceapadh beirt oifigeach páirce a labhair Gàidhlig; ba é a ngnósan faisnéis a thabhairt faoi chomharchumainn phobail, agus daoine a spreagadh chun a leithéid a bhunú. Bhíodar leis in ann caidreamh a choimeád le foinsí teicniúla BLGE; thugadar eolas leis faoi conas comharchumann a bhunú m.sh.faoi rialacha a bhainfeadh leo.

Is é a dhein BLGE le misneach a thabhairt do dhaoine Comharchumainn Phobail a bhunú ná clár cúnaimh a chur i ngníomh. Thugadar comhairle agus ina theannta sin chuireadar cabhair airgid ar fáil do thosóirí ar cheithre bhealach:

1. Deontas Bunaithe (timpeall £20,000 in airgead an lae inniu)

Deineadh £ an £ do gach scar nó síntiús a bhaileofaí go logánta a thairiscint ón mBord faoi choinníollacha áirithe. Mar sin a soláthraíodh caipiteal infheistíochta an chomharchumainn.

2. Deontas Bainistíochta (de ghnáth timpeall £15,000 sa chéad bhliain)

Ba é aidhm an deontais seo ná íoc as costais bainisteora a fhostú agus costais eile riaracháin. D'fhéadfadh suas le 100% de chostais riaracháin a bheith i gceist ar dtús, ach bheadh sin ag dul i laghad de réir a chéile.

3. Deontas le haghaidh Fiontair

Ar choinníoll go mbeadh a leithéid bunaithe, d'fhéadfadh Fiontar Pobail iarratas a chur faoi bhráid an Bhoird faoi aon bheartas de réir an Scéim Deontas agus Iasacht atá ar fáil do fhiontraithe, bíodh sé ag baint le tionscal, le gnó, le hiascach, le turasóireacht, le talmhaíocht, le gairneoireacht, nó le cúrsaí sóisialta.

Bhí méid agus nádúr na cabhrach ag brath ar an bhfiontar agus faoi bhreith an Bhoird. D'fhéadfadh an chabhair a bheith chomh hard le 50% nó 70% i gcásanna eisceachtúla.

4. Cabhair Traenála agus Comhairle

Cuireadh airgead ar fáil do sheirbhísí comhairle agus do thraenáil bainisteoirí, fostaithe, agus baill coistí. Bhí cabhair ar fáil do chruinnithe móra, do sheimineáir agus do thurasanna staidéir. Le go mbeadh comharchumann cáilithe le cur isteach ar chabhair faoin scéim, níor mhór dó a bheith sásúil ó thaobh buaine, tacaíocht a bheith aige ón bpobal logánta, agus easpa trasnaíola (is é sin nach mbeadh sé in iomaíocht le gnó éifeachtach logánta) (Pedersen 3-4).

Bunaíodh 7 gcomharchumann in 1979, 6 in Oileáin Bhríde agus ceann in Inis Orc (féach mapa). D'fhás siad seo "mar fhreagra ar an tslí a tugadh faoi deara a theip na hiarrachtaí forbartha roimhe sin ar dhul i bhfeidhm ar chuid de na limistéirí is lú agus is imeallaí den réigiún", agus chuir siad próiseas fada foghlama ar fáil do na pobail agus don BLGE.

Múineann an Taithí

Léirigh na comharchumainn phobail na buntáistí seo leanas: gurbh fhéidir leo postanna a chruthú, seirbhísí logánta agus soláthar seansanna eacnamaíocha a fheabhsú, foinsí maoine agus riachtanais seirbhíse logánta a aimsiú; gur fhan seilbh agus smacht i lámha na ndaoine féin; go rabhadar solúbtha go leor chun freagra a thabhairt ar riachtanais agus áiseanna le teacht (Watt 2).

Bhain na deacrachtaí is mó a bhí acu le héifeacht na hoibre agus le brabús, agus ba é ba mhó ba chúis leo ná easpa traenála i gcoitinne in áiteanna an-iargúlta. Bhí sé deacair uaireanta, abair, ag bainisteoirí agus ag coistí comhoibriú le chéile, agus ní raibh an scil fós ag daoine cuntais a choimeád. D'ainneoin sin go léir chuaigh an scéim chun cinn.

Sampla maith den phróiseas ar siúl i réigiún Gàidhlig is ea cás Eirisgeidh atá suite in Oileáin Bhríde idir Uist a'Deas agus Barra. Sna seascaidí agus sna seachtóidí ba dheacair siopa a reachtáil san oileán beag seo agus gan ina gcónaí ann ach timpeall 200 duine; osclaíodh cúpla ceann ach b'éigean dóibh dúnadh. Faoin mbliain 1973 bhí córas deonach bunaithe agus bhí bia á iompar i mbád ó Uist a'Deas agus á scaipeadh san oileán agus an brabús á roinnt ar mhuintir an oileáin. Ar deireadh thiar thall bhí an córas seo mar bhonn ag Co-Chomunn Eirisgeidh, ceann de na céad chomharchumainn phobail a bunaíodh sna hOileáin Thiar. Faoin mbliain 1981 bhí siopa ar oscailt ag an gCo-Chomunn, siopa a d'fhreastal ar riachtanais uile an oileáin; bhí an beart déanta. Ag an bpointe seo ba dheacair a shocrú cad é an bhaint a bhí ag bainisteoir agus ag coiste an chomharchumainn le chéile, ach go raibh forbairt an ghnó faoin mbainsisteoir sa chuid is mó. D'fhág an bainisteoir tar éis trí bliana chun dul i mbun poist eile agus ansin thug an coiste faoina gcuid oibre a dhéanamh ach ba ghearr gur thuigeadar nach raibh na scileanna a d'éiligh sin acu. D'fhonn sin a leigheas lorgaíodar comhairle agus traenáil i nithe mar cothromú cuntas, cuntais ioncaim agus caiteachais, smacht ar stoc; agus bhunaíodar caidreamh níos dlúithe le BLGE agus eagrais lasmuigh. Chuaigh feabhas ar na scileanna le taithí, mhéadaigh an misneach, agus d'éirigh an coiste níos gníomhaí. Nuair a ceapadh bainisteoir nua bliain go leith níos déanaí bhí malairt cló ar fad ar pháirt an choiste; ba le pobal Eirisgeidh anois na scileanna agus bhí bonn níos láidire ag an gcomharchumann sa phobal. Faoin mbliain 1987, seacht mbliana tar éis é a bhunú, bhí láimhdeachas Co-Chomunn Eirisgeidh thar £200,000 (CBS>ACI-HI 31-32).

Ba é Co-Chomann Nis i Leobhas an chéad cheann a bunaíodh, ach theip ar sin, ach is beag díobh a theip ina dhiaidh sin; níor dhún ach 3 as 50 de na comharchumainn a bunaíodh ó 1977 de bharr fiach.

Sna blianta tosaigh shocraigh an BLGE ar nósmhaireacht a bhunú de réir a chéile. Sna blianta píolóideacha is beag tuiscint a bhí ar éifeacht shóisialta na gComharchumainn Phobail, ach faoi theacht na n-ochtóidí bhí tacaíocht agus comhoibriú ag fás in áit an amhrais i gcás an BLGE. Le himeacht na mblianta d'fhoghlaim foireann BLGE a lán óna dtaithí sna hoileáin agus d'athraíodar a gcláracha dá réir. Tá na comharchumainn tar éis forbairt ina bhFiontair Phobail, comhlachtaí atá teoranta urraithe, agus plean gnó agus córas bainistíochta agus cuntaisíochta mar thaca acu ó Iomairt na Gàidhealtachd (IG), a tháinig in áit HIDB in 1991. Is é an tslí is mó ina bhfuil IG, lena 10 Companaidhean Iomairt Ionadail, ag cabhrú leis na Fiontair Phobail ná le soláthar deontais chaipitil agus traenála chun iad a chur ar bun. Ní bhfaigheann Fiontair Phobail nua aon chabhair i leith tuarastal bainisteora ach cuirtear breis béime ar mhargáil agus pleanáil fhadtéarmach. Tá os cionn 50 comharchumann nó Fiontar Pobail anois i réigiún na nGarbhchríoch agus na nOileán, le láimhdeachas bliantúil de £5m agus oiread le 300 post lánaimsireach. Tá ag éirí go maith leis an ngluaiseacht ar fud na hAlban le láimhdeachas bliantúil timpeall £10m. Chomh maith leis ns buntáistí díreacha eacnamaíochta a bhaineann léi, tá sé taispeánta ag an scéim go gcabhraíonn fiontair faoi smacht an phobail leis na pobail féin ar shlite eile leis. Is léir go dtugann siad breis misnigh do phobail sna slite seo:

1. Braitheann pobail gur féidir leo feabhas a chur ar a saol.

2. Tugann sé caoi don mhuintir a bhíonn gafa san obair, go háirithe iad seo a bhíonn fostaithe nó a bhíonn ar choistí bainistíochta, forbairt go pearsanta.

3. Cuireann sé scileanna nua gnó agus bainistíochta ar fáil.

4. Spreagann sé beartais nua ghnó.

5. "Taithí a dhéanann an mháistreacht".

Ar dtús ba fhiontair ilghnéitheacha a bhí i gceist sna Fiontair Phobail ach le déanaí tá claonadh i dtreo fiontar aonghnéitheach. Sna céad chomharchumainn bhí soláthróirí don fheirmeoireacht agus don iascaireacht, siopaí logánta, turasóireacht; teach aíochta agus brú óige i bPapa Westry in Inis Orc; láthair oidhreachta i mBun Ilidh. Sna Fiontair Phobail tá gnóthaí mar miondíolaíocht, díol uan, brúnna don óige, turasóireacht, scannánaíocht, seirbhísí seachadta, lónadóireacht, láithreacha teleseirbhíse pobail, iasacht uirlisí, soláthar don talamhaíocht, soláthar leictreachais, faisnéis faoi fhostaíocht, traenáil, díol earraí cniotála, faisnéis faoi fhoinsí cumhachta, gaothdhíonadh agus teasdíonadh, fótóchóipeáil, seirbhísí fax, soláthar guail, seirbhísí bus, seirbhísí seachadta. San iarthar tá linnte snámha curtha ar fáil acu don phobal, – bailíodh 400,000 dá leithéid in Islay.

Daingniú

Le teacht na n-ochtóidí bhí gluaiseacht na bhFiontair Phobail chomh forbartha sin go raibh gá le dul céim eile ar aghaidh. Cé nach raibh sna fiontair comhair ach cuid bheag den eacnamaíocht iomlán, toisc na ngearradh siar, bhí sé deacair ag BLGE freastal orthu de réir na gcláracha a bhí bunaithe. Laistigh de na Fiontair Phobail b'annamh a bhí na scileanna gnó, an t-eagrú táirgíochta agus an cumas chun caoi forbartha a aithint, mar ba ghá, ar fáil. Dá brí sin, ag cruinniú i Staffin, mar a bhfuil pobal Gàidhlig, ar Oileán Sgiathanach, bunaíodh Comhaltas Fiontair Phobail na nGarbhchríoch agus na nOileán (CFP-GO) in 1985 le haghaidh a thabhairt ar na fadhbanna a bhí ag cur as níos mó agus níos mó don ghluaiseacht. Eagraíocht dheonach ab ea

CFP-GO a raibh sé mar aidhm ghinearálta aige comhairle faoi airgeadú agus faoi mhargaíocht a cur ar fáil do na Fiontair Phobail, gluaiseacht na bhFiontair Phobail a chur chun cinn, tuiscint bhreise ar eacnamaíocht pobail, ar shaol pobail agus a fhéiniúlacht, agus cabhair a thabhairt do thoise shóisialta na bhFiontair Phobail. Tá sin curtha i gcrích trí:

—Cabhair a thabhairt d'obair na bhFiontair Phobail sna Garbhchríocha agus sna hOileáin le foilseacháin, comhdhálacha, seimineáir, saotharlanna, agus preasráitis.
—Seirbhísí praiticiúla a sholáthar do Fhiontair le go n-éireodh leo ina gcuspóirí.
—Traenáil a thabhairt don fhoireann agus do oibrithe deonacha i bhFiontair Phobail, m.sh. do bhaill coistí bainistíochta.
—Cabhrú le grúpaí pobail agus iad ag cur cúrsaí gnó agus cúrsaí sóisialta chun cinn ina bpobail.
—Cabhrú le grúpaí imeallacha chun fadhbanna iargúltachta a réiteach.
—Tuiscint uileghabhálach a chothú maidir le hathnuachaint pobail.

Ar na slite sin tá seirbhís tugtha ag CFP-GO dá bhaill trí chomhairle gnó, staidéir féidireachta, maoiniú iarratas agus eolais. Tá an tábhacht chéanna le hobair eile a dhéanann siad – caidreamh a chothú le dreamanna lasmuigh maidir le cnuasacht airgid, agus cothú gluaiseacht na bhFiontair Phobail trí fhoilsiú na hirise *Community Enterprise*. Tugann siad leis comhairle ag tosú gnó agus breithiúnas maidir le féidireachtaí, go mór mór mar chomhairleoirí ag Fiontair na nGarbhchríoch agus na nOileán agus ag grúpaí eile. Mar fhreagra ar na deacrachtaí a luamar ag na Fiontair Phobail, bíonn páirt ghníomhach ag CFP-GO maidir le traenáil, agus anailísiú ar riachtanais traenála san áireamh, measanú ar chórais traenála, agus bunú cláracha traenála laistigh de na balleagrais.

Nuair a cuireadh CFP-GO ar bun ba é BLGE a bpríomhfhoinse maoinithe tríd an gClár Fiontair Phobail, ach súil sa bhfadtéarma le cabhair ó na balleagrais. Cé nach raibh aon chinnteacht faoi mhaoiniú buan, ceapadh foireann do CFP-GO in 1986 agus méadaíodh idir fhoireann agus sheirbhísí in 1987. Tá méadaithe go mór ar thábhacht na hoibre traenála le déanaí ó ghlac CFP-GO páirt in 1988 i gclár trí bliana an AE "Traenáil do Fhiontar Pobail". I mbliana chuir Fiontair na nGarbhchríoch agus na nOileán 40% den mhaoiniú ar fáil, agus cláracha den AE 40% eile (ESF>EUROFORM). I measc na gcláracha is déanaí tá clár traenála do thurasóireacht a bhfuil cúrsaí cultúir agus imshaoil réigiúnaigh i gceist; taispeánann sé seo a thábhachtaí atá forbairt na turasóireachta cultúrtha. Tá láimhdeachas £.5m ag FCP-GO sa bhliain anois.

Daichead ball atá ag FCP-GO faoi láthair. Tá 14 fostaithe acu ar fud na nGarbhchríoch agus na nOileán (ach beirt díobh páirtaimsireach) agus tá siad ionadaíoch don réigiún ar fad. De bharr an chaidrimh dhlúth atá acu le blianta leis an Eoraip, tá fás an-mhear déanta ag FCP-GO i bhfiontair speisialta traenála in 1992-3; tá aitheantas faighte acu ón Eagraíocht um Oideachas Leanúnach, SCOTVEC. Sa tréimhse seo tá cabhair tugtha ag FCP-GO do 15 Fiontair Phobail ach tá siad dírithe ar chabhrú le grúpaí pobail atá ag tosú agus ar reachtáil beartais bheaga traenála atá oiriúnach go háirithe do na hOileáin agus do na Garbhchríocha. I measc na bpleananna gearrthréimhseacha tá cabhrú le comharchumainn turasóireachta, beartas staidéir phobail, cúram leanaí, raidió pobail, féilte agus beartais imshaoil. Tá FCP-GO ag súil leis go bhféadfaidh siad feidhm a bhaint as a scil i gcúrsaí maoinithe ón AE chun na haidhmeanna seo a chur i gcríoch agus dul ó fhorbairt scéimeanna traenála go hobair i gcomhar le coláistí agus le hollscoileanna, agus dul ó ghrúpaí faoi mhíbhuntáiste go dtí grúpaí pobail. Ciallóidh sin go mbeidh caoi níos fearr ag an eagras a bheith páirteach i ndréachtadh polasaithe agus ag cur Fiontair Phobail chun cinn.

De réir mar atá an t-eagras ag bailiú eolais agus taithí, tá rólanna agus cúraimí fadtréimhseacha á n-aithint aige, go háirithe maidir leis an gceangal idir forbairt shóisialta agus forbairt eacnamaíoch i bpobail bheaga. Tá sé ar chumas

Fiontair Phobail comaoin ar leith a chur ar an tsochaí ar an leibhéal seo mar:

> Táid bunaithe go logánta agus smacht logánta orthu agus déanann siad údarás agus maoin a roinnt ar phobail atá faoi mhíbhuntáiste.
>
> Ceanglaíonn siad aidhmeanna sóisialta le cúrsaí gnó agus pléann siad forbairt fhónta i bpobail logánta agus is minic iad ag díriú ar leasaithe sa mhodh beatha agus i gcúinsí oibre.

Tá na pointí sin a luamar anois agus buaine agus leas na timpeallachta an-tábhachtach chomh fada agus a bhaineann le treoir ghinearálta na bhFiontair Phobail sna Garbhchríocha agus sna hOileáin. Tá baint mhór ag a lán de na fadhbanna polasaí agus straitéise atá curtha in iúl i Ráiteas an Mhisin le todhchaí na Gàidhlig sa réigiún. Orthu sin tá:

—Gur ceart an eacnamaíocht shóisialta a fhorbairt mar gur léir go bhfuil tábhacht le fiontair a bhfuil aidhm shóisialta acu agus le cúinsí fabharacha sóisialta chun dul chun cinn go heacnamaíoch.

—Go bhfuil gá le dílárnú rud a chuirfeadh ar chumas pobail a bheith neamhspleách.

—Go ndéanfadh fostaíocht agus maoiniú a thiocfadh ó mhuintir na háite é a chur ar chumas lucht na Gàidhlig fanacht i measc a muintire féin.

—Go ndéanfaí an eacnamaíocht dhúchasach a fhorbairt agus í a sní isteach le scileanna agus teicneolaíocht nua-aimsire.

—Go gcuirfí tús le gníomhaíocht eacnamaíocht nua ar fad agus go mbeadh breis misnigh ar dhaoine dá bharr sin.

—Go gcruthófaí poist mhaithe le pá agus coinníollacha oibre maithe.

—Go dtabharfaí níos mó aird ar an saol sóisialta le go dtuigfí níos fearr agus go ndéanfaí measanú ar éifeacht fad-tréimhseach fiontair phobail.

—Go gcuirfí áiseanna aontaithe láir ar fáil agus teacht orthu i gceachtar den dá theanga.

—Go mbainfí feidhm as Fiontair Phobail chun postanna a chruthú agus comhchaoi a chleachtadh trí pháirtíocht na mban a bhuanú (timpeall 50% faoi láthair) agus díriú ar dhaoine óga sna pobail a thraenáil agus a fhostú.

Tá CFP-GO ag tnúth leis gur féidir leo na beartais atá ar siúl cheana féin, nithe mar raidió pobail, láithreacha telesheirbhíse pobail, cúram leanaí, cosaint na hoidhreachta agus na timpeallachta, turasóireacht, cúram pobail, aontaobhais forbartha pobail, ceirdeanna agus ealaíona, agus feirmeoireacht éisc a bhuanú. Díobh sin go léir is iad na comharchumainn turasóireachta is mó is cúis dóchais don Ghàidhlig.

Cothrom: Seans don Ghàidhlig

Bunaíodh an fiontar pobail Cothrom in Uist a'Deas in Oileáin Bhríde in 1991 agus is tuar maith é do thodhchaí na Gàidhlig. 50 bean atá ina mbaill de Chothrom, agus cainteoirí Gàidhlig is ea a bhformhór. Tá tábhacht leis gur bunaíodh é trí mheán na Gàidhlig. Tá duine nó beirt de na baill fostaithe go lánaimsire, tá baill eile páirtaimsire, ach is mná tí agus máithreacha clainne a bhformhór. Leanann siad orthu ag tógáil clainne ag tabhairt aire do sheandaoine, ag saothrú gabháltaisíní. Bhí sé d'aidhm ag an bhfiontar nuair a bunaíodh é fostaíocht a thabhairt laistigh den chomhluadar a bheadh buan agus tairbheach. Chomh maith leis sin tá muinín agus dóchas láidir as an teanga agus fonn í féin agus an pobal a chaomhnú go beo bríomhar. Is beag fostaíocht atá ar fáil do mhná in Uist seachas beagán i gcúrsaí mar mhúinteoireacht, cúram na sean, cúram leanaí, agus lóistín do thurasóirí. D'éileodh postanna níos faide ó bhaile ar nós obair in ospidéal nó i siopaí taisteal fada nach réiteodh leis na dualgais teaghlaigh, agus níl aon chóras taistil poiblí ar fáil.

Is é a chuireann Cothrom roimhe ná: "oideachas agus scileanna na mban a fhorbairt i dtreo go mbeadh páirt chruthaitheach acu i saol an phobail''. Chun é seo a bhaint amach cuireann an grúpa traenáil, fearaistí, agus cúram leanaí ar fáil i dtreo go bhféadfadh na mná go léir a bheith páirteach sna beartais ghrúpa. Is trí Ghàidhlig a dhéantar cúram na leanaí agus bíonn sé ar fáil do leanaí scoile agus réamhscoile. Is é atá i gceist sa bhfadtéarma ná fostaíocht bhuan i ngnóthaí pobail faoi bhainistíocht na mball a sholáthar; tacaíocht a thabhairt do ghnóthaí a bhunaigh an mhuintir a thraenáil siad agus atá anois i bhfeighil a ngnóthaí féin; naíscolaíocht Ghàidhlig a sholáthar in Uist, agus forbairt shóisialta agus eacnamaíoch na dúiche a chur chun cinn. Nuair a chuaigh an bhuíon i mbun oibre thug na baill faoi deara go raibh a lán scileanna ann cheana – bhí daoine oilte go proifisiúnta, bhí daoine le taithí rúnaíochta agus riaracháin, ceirdeanna, scileanna ealaíne, scileanna cultúrtha dála píobaireachta, amhránaíochta agus rince dúchasach. I gcaitheamh a saoil tá scileanna i gcothabháil agus i maisiú tí agus i gcúram na n-óg agus na sean foghlamtha ag formhór na mball. Tuigeadh dóibh ón tús go bhfuil teastas foirmiúil ag teastáil go minic i saol an lae inniu do phost agus dá bhrí sin thuigeadar go raibh gá sa chéad áit le lárionad traenála. Measadh gurb iad na cúrsaí traenála ba dhóiche a thuillfeadh fostaíocht bhuan ná riarachán, fuáil, pleanáil inmheánach tí, scileanna sna meáin chumarsáide, agus cúram leanaí.

Le cabhair ó pháirtithe in Éirinn d'éirigh le Cothrom maoiniú a fháil ón AE faoin gclár Deiseanna Nua do Mhná agus cuireadh tús leis an mbeartas san Earrach 1992 le cabhair airgid ó Bhord na nGarbhchríoch agus na nOileán. Tá an t-ionad traenála suite i Staoinibrig, lámh leis an aonad Gàidhealach den bhunscoil. Tá cúrsaí ann faoi láthair ar ríomhaireacht, riarachán, cúram leanaí agus meaintínteacht. Beidh an beartas ar siúl go dtí deireadh 1993 le 15-18 ag traenáil ann – tá cúigear díobh sin fostaithe cheana féin; is trí Ghàidhlig a bhíonn na cúrsaí oiread agus is féidir. Ós rud é go bhfuil an oiread sin dea-thorthaí a b'fhéidir teacht as maidir le fostaíocht, taithí ar theicneolaíocht nua, turasóireacht, cultúr, tacaíocht don teanga i measc na n-óg, misneach agus féinaithne, tá eagraíochtaí Gàidhealacha ag coinneáil súil ghéar air agus ag tacú leis; ba chóir go mbeadh sé ina eiseamláir do bheartais le teacht i bpobail Ghàidhealacha eile.

Comparáidí

Ós rud é gur ar shampla Iarthar na Éireann atá na Fiontair Phobail in Albain bunaithe, is fiú comparáid a dhéanamh idir fás agus forbairt, fadhbanna agus aidhmeanna fadtéarmacha na n-eagras seo sa dá réigiún Ghaelacha.

I nGaeltacht na hÉireann d'fhás na Comharchumainn Forbartha ó 1966 ó chomhthéacs náisiúnta ina raibh an bhéim á athrú ó bheith ag mealladh comhlachtaí ó lasmuigh go dtí bheith ag tabhairt misnigh d'fhiontair logánta. In Albain ba é a bhí san Fhiontar Pobail ná freagra ar an easpa fiontraíochta sa ghnáthshlí agus faillí an stáit i réigiúin imeallacha tuaithe. Tá tábhacht ar leith leis an nGaeilge i gcás ghluaiseacht na gcomharchumaann in Éirinn, agus tábhacht leis ag an nGàidhlig i bhFiontair Phobail an hAlban, fág nach bhfuil ar chomh chéim le cás na Gaeilge; b'fhéidir, áfach go méadóidh sé de réir mar a bheidh tuiscint bhreise á fháil in Albain ar an nasc idir teanga, cultúr agus eacnamaíocht, agus go méadóidh ar an misneach de réir mar a bheifear ag dul chun cinn go heacnamaíoch. Sa dá réigiún Ghaelacha mar sin tá béim á chur ar thábhacht na maoin logánta nádúrtha sóisialta, tá snáth láidir den traidisiún áitiúil i gceist sa dá chás agus is mór idir iad agus an fhorbairt thionscalaíoch lárnach. Ideolaíocht, an fonn cultúr dúchais na Gaeltachta a chosaint, faoi deara an bhéim seo i gcás na hÉireann. Tá an snáth teanga agus cultúir i láthair go deimhin in Albain leis, ach is mar chuid de ideolaíocht phragmach é agus toradh taithí ar chás na bpobal scáinte imeallach. Sa dá thír tá tuiscint ar a úsáidí atá rogha mór slite beatha i gcúinsí den sórt seo. Tá na torthaí sa dá thír gaolmhar go leor dá chéile leis – breis misnigh ag muintir na tuaithe, feabhsú scileanna teicneolaíochta, bainistíochta, agus caidrimh dhaonna.

Bhí na deacrachtaí céanna ag na Fiontair Phobail in Albain ag tosnú dóibh agus a bhí ag comharchumainn na Gaeltachta, go háirithe easpa maoiniú logánta, agus scileanna gnó. Sa dá chás bhí an t-easpa comhordaithe idir an bainisteoir agus an coiste. Leigheasadh an fhadhb seo in Albain, mar atá ráite, trí chomhairliú agus traenáil a chur ar bhainisteoirí agus choistí bainistíochta. Mar a deir Breathnach (lch 91) bunaíodh an clár CFP ar an eolas a bailíodh trí staidéar ar dheacrachtaí na gcomharchumann forbartha; réitíodh an ganntanas maoiniú logánta tríd an deontas tosaithe nuair a thug an BLGE punt ar phunt an chaipitil a sholáthraigh an pobal. Thug BLGE cabhair leis maidir le fadhb eile a bhí ag an dá ghluaiseacht mar gur thug sé saineolas gnó agus eacnamaíochta agus tacaíocht bhuan nuair a bhí pleanáil fadtéarmach i gceist. Luann Breathnach (lch 96) nár chuir eagraíochtaí Gaelacha clár fadtéarmach ar fáil maidir le cur na gcomharchumann chun cinn cé gur thugadar cabhair mhaith airgid dóibh. Tuigeann an dá réigiún lena dteanga dhúchais go síneann réimse ghluaiseacht na gcomharchumann lena bhéim ar fhorbairt eacnamaíochta agus chúrsaí pobail agus cultúir thar na gnáth-theorainneacha a bhíonn ag beartais eacnamaíocha, agus nach bhfuil go leor maoine ar fáil dóibh. Luann Breathnach fadhbanna eile – easpa caipitil agus easpa páirtíochta an chomhluadair i bhforbairt na gcomharchumann. In Albain tá freagra tugtha ar chuid de na fadhbanna sin tríd an scéim punt ar phunt a bhunaigh an BLGE. Deir Breathnach go mba mhór an chabhair é do fhiontraíocht phobail sa Ghaeltacht in Éirinn dá mbeadh aon eagraíocht amháin stáit ann a bheadh in ann aghaidh a thabhairt ar na fadhbanna agus ar na riachtanais ar leith sa réigiún, go fiú spleáchas na ndaoine ar fhoinsí éagsúla ioncaim, agus cúraimí teanga agus sochaí na gcomharchumann forbartha. In Albain tá aghaidh tugtha ar an ngné seo den scéal ag CFP-GO, cé gur eagras deonach é, agus tá ag éirí leis maith go leor mar a chonacamar. Is í an cheist anois in Albain ná conas is féidir leis na Fiontair Phobail dul i ngleic níos dlúithe agus níos tairbhí le riachtanais teanga agus cultúir na bpobal Gàidhlig.

Is réimse, mar shampla, ina bhféadfadh CFP-GO a bheith gníomhach ná ag cur cúrsaí éifeachtacha traenála ar fáil trí

Ghàidhlig do thionscail logánta mar turasóireacht chultúrtha agus na healaíona. Réimse eile anseo amach, b'fhéidir, ina bhféadfadh sé a bheith páirteach is ea beartais oiliúna áitiúla dála Cothrom agus measanú leanúnach ar thairbhe socheacnamaíoch a leithéid.

Mar fhocal scoir, nuair a fhéachaimid siar ar ar tharla le cúig bliana déag is léir go bhfuil Fiontair Phobail agus a bpáirt i saol na bpobal Ghàidhilg ag fás go mear go fóill. I suirvé a bhí ina pháirt de staidéar uileghabhálach ar thionchar eacnamaíoch na Gàidhlig a deineadh le cabhair Comataidh Telebhisein Gàidhlig agus Fiontair na nGarbhchríoch agus na nOileán, fuarthas amach go bhfeiceann daoine óga i bpobail Ghàidhlig ceangal dlúth fónta idir a gcultúr Gàidhlig agus a dtodhchaí eacnamaíoch. Is léir go bhfuil gá lena thuilleadh staidéir den sórt seo, agus d'fhéadfadh comhar a bheith idir an dá thír maidir leis seo i dtreo go mba mhóide an tairbhe teanga, sochaí, agus cultúir a bheadh ag na pobail Ghaelacha agus go mbunófaí arís an caidreamh buan éifeachtach a chuirtear in iúl sa rann:

> 'S iomadh bàt' agus long
> Tha le fonn a' dol thairis
> Eadar Èirinn an tslóigh
> 'S dùthaich bhòidheach Mhic Cailein.

TAGAIRTÍ

ACE-HI. *Mission Statement.*

Breathnach, Prionnsias. "Structural and functional problems of community development co-operatives in the Irish Gaeltacht" in *The organisation and development of local initiative*, 8th International Seminar on Marginal Regions, UCG. Ed. D. Cearbhaill, 1985, 78-108.

Community Business, Scotland>ACI-HI. *The First Ten Years:* A Decade of Community Enterprise in Scotland. Nd. (c.1987).

Condry, E. *Scottish Ethnography*. Association for Scottish Ethnography, Monograph No. 1. Social Sciences Research Council. 1983.

Pedersen, R. N. "Social Development and Community Enterprise in the Highlands & Islands." Irish NW Community Development Institute Conference on Problems of Peripheral Areas of Europe. 1989.

Storey, R. J. "Community Co-operatives – a Highland & Highlands Experiment". 5th International Seminar on Marginal Regions. TCD. 1979.

Watt, J. A. "Community Enterprise in the Highlands & Islands: Into the Second Decade". International Conference on Rural Entrepreneurship, Silsoe College, Cranfield Institute of Technology. 1988.

COMHARCHUMAINN PHOBAIL
Meán Fómhair 1979
Tugann na figiúir an daonra go garbh

Comharchumann bunaithe ●

Coiste bunaithe (▲)

Spéis léirithe ▲

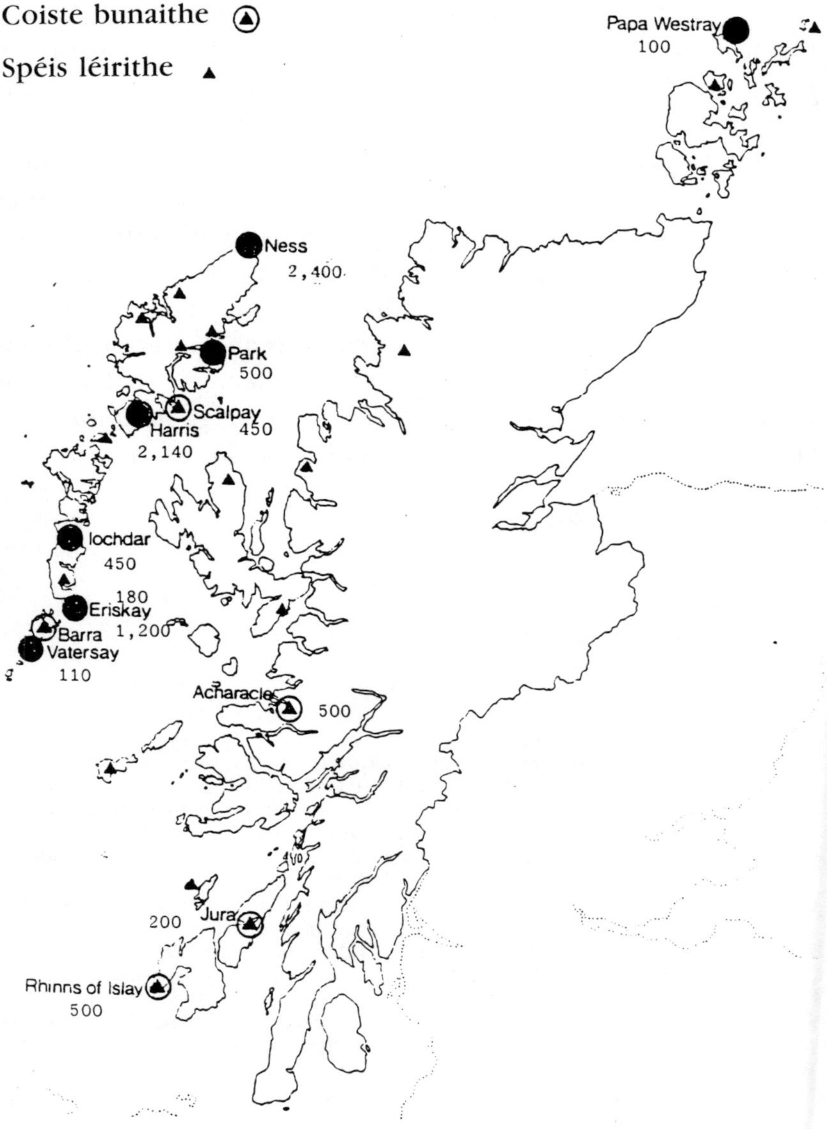

An bhFuil aon ní i nDán do Chomhar-chumainn san Aontas Eorpach?

PIERCE RYAN

Réamhrá

Tá comhar, is é sin daoine a bheith ag cur le chéile chun soláthar níos fearr dóibh féin, á chleachtadh ag an gcine daonna ó thús. Ní hé atá ag titim amach anois go bhfuil deireadh ag teacht le comhar agus comhoibriú ach go bhfuil na struchtúir agus na heagrais a bhunaíonn daoine le go bhféadfaidís comhoibriú le chéile ag athrú ó thalamh. Bíonn cló na n-eagras comhair ag athrú le himeacht na mblian agus bíonn malairt crut agus struchtúir orthu ó thír go tír. Is é is cúis leis sin ná gurb iad na cúinsí eacnamaíocha agus sóisialta ina bhfeidhmíonn siad a chuireann an cló ar leith ar na comharchumainn ar leith. Téann comharchumainn, ar ndóigh, ar uairibh i bhfeidhm ar an timpeallacht agus ar na cúinsí eacnamaíocha agus sóisialta féin agus athraíonn iad. Sin é go díreach a mbíonn súil ag baill comharchumainn leis go minic; féach mar a chuireann comharchumainn san AE le chéile chun dul i bhfeidhm ar CAP.

Is léir gurb é an freagra atá le tabhairt ar an gceist atá i dteideal an pháipéir seo ná *Tá*. Beidh feidhm leis na comharchumainn san AE. Siad na ceisteanna atá le cur ''Cén sórt comharchumainn a bheidh iontu? An mbeidh ar chumas na gcomharchumann feidhmiú de réir na bprionsabal comhair is eol dúinn inniu?'' Is é an bonn atá faoinár ndóchas go mbeidh ar chumas na gcomharchumann dul in oiriúint do na toscaí nua ná go ndearnadar sin go minic cheana.

Buaine agus Solúbthacht na gComharchumann

Sular chuir Horace Plunkett tús le comharchumainn na n-uachatarlann céad bliain ó shin, bhí Corcaíoch, William Thompson (1775-1833) á mholadh do oibrithe a sráidbhailte comhair féin, lena ndéantúis féin, a bhunú le cabhair cibé maoin a bhí bailithe acu. Aisteach go leor, bhí níos mó éifeacht ag Thompson ar ghluaiseacht na gcomharchumann sa Bhreatain ná in Éirinn. Thug sé spreagadh cibé scéal é do Robert Owen (1771-1858), duine a chabhraigh chun an "co-operative cummunity of Ralahine" (Co. An Chláir) a bhunú in 1831. Thóg an comhluadar oibrithe feirme seo feirm de 600 acra ar cíos agus shaothraíodar é ar feadh tamaill – nó gur chaill an tiarna talún a eastát le geallghlacadóirí agus gur chaith an comharchumann scor.

Sna 1840aí a deineadh "prionsabail an chomhair" mar a thugaimid orthu inniu (e.g. aon duine, aon vóta, agus ní vóta de réir scarsheilbhe) a fhorbairt i Sasana. Bhunaigh caiteoirí a siopaí comhair féin agus nuair a bhí fearasbarr acu – ní úsáidfaidís an focal *brabús* – roinntí sin orthu.

Dhein Plunkett iarracht ar shiopa comhair a bhunú in Éirinn, ach ba ghearr gur iompaigh sé chun na dtáirgeoirí in áit na gcaiteoirí. Ní ó Shasana ach ón Danmharg a fuair Plunkett na smaointe agus tá a fhios againn conas d'éirigh leis.

Is fiú a lua leis gur bunaíodh bainc i sráidbhailte áirithe céad bliain ó shin d'fhonn iasachtaí a chur ar fáil d'fheirmeoirí agus iad a chosaint ar fhear an ghaimbín; b'iad seo réamhtheachtairí na gcomhar creidmheasa. Murab ionann agus bainc thalamhaíochta na Mór-Roinne, níor rith leo seo ar a lán cúiseanna.

Tharla forbairtí iontacha le blianta beaga anuas. Ina measc bhí:

—athruithe móra i struchtúr na gcomharchumann talamhaíochta, go háirithe sa déiríocht (e.g. Comharchumann Chiarraí)
—fás na gcomharchumann speisialta, leithéid
  na gcomharchumann forbartha (Corca Dhuibhne)
  na seirbhísí fóirtheana feirme
  na gcuntas feirme (IFAC)
  na foraoiseachta (e.g. Comharchumann Foraoiseachta an Iarthair)
  na hiascaireachta

na turasóireachta tuaithe
na gcomhar creidmheasa
na tithíochta

Is léir uathusan go léir gur cuid lárnach buan dár gcóras eacnamaíochta iad na comharchumainn. Ní mór, áfach, forbairt a dhéanamh ar na slite ina n-eagraímid ár gcomharchumainn. Tá an oiread sin athruithe á ndéanamh gur gá an cheist a chur an comharchumainn ar aon chor cuid díobh siúd atá amhlaidh ó ainm. Tá an cheist seo á suaitheadh anois go mór mór toisc go bhfuil stádas PLC agus seoladh ar an stocmhargadh ag teacht chun cinn i gcás cuid de na heagraíochtaí is mó. Ó thaobh na staire de, bhí na comharchumainn riamh á éileamh nárbh ionann iad agus fiontair eile eacnamaíochta.

Prionsabail Comharchumannachais

Is iomaí slí ina gcuirtear cuid de idéithe buana an chomharchumannachais in iúl, ach is maith mar atá siad curtha go hachomair i leabhrán ó Choláiste na hOllscoile Corcaigh *(The Co-Operative Idea 1982)*. Ríomhtar ina measc ansiúd:

Comhar: Oibríonn baill chomharchumainn le chéile chun fadhbanna a bhíonn acu go léir a réiteach.

Smacht ag na Baill: Ba chóir gur ag na baill amháin a bheadh smacht agus go mbeadh an ceart céanna vótála ag gach ball (aon bhall, aon vóta).

Tairbhe de Réir Úsáide: Ba chóir go mbeadh cibé tairbhe maoine nó a mhalairt a gheobhadh ball ag brath ar mar a d'úsáidfeadh sé an comharchumann seachas an caipiteal a chuirfeadh sé ann. Ar an tuiscint chéanna ba chóir go réiteodh struchtúr an chomharchumainn an bealach le go bhfónfadh sé do riachtanais na mball in áit lucht infheistíochta ann, rud a bhíonn i gceist i bhfiontair eile eacnamaíochta.

Oideachas: Ba chóir go gcuirfeadh comharchumainn oideachas ar fáil dá bhaill agus d'ábhair ball maidir le prionsabail agus le feidhmiú an chórais.

Ní mór aird a dhíriú ar na prionsabail seo agus aghaidh á thabhairt ag comharchumainn ar an iomaíocht a bheidh i gceist i gcomhthéacs an AE agus na gcúinsí a ghabhfaidh leis.

Riaradh na Forbartha as seo amach

Tá fadhbanna gnó áirithe i ndán do chomharchcumainn, go mór mór do chinn déiríochta. Ar dtús tá fadhb an charntha trí chónascadh i gcás cumann agus comharchumann. Tá de thoradh ar chónascadh comharchumann ar an Mór-Roinn go bhfuil aonaid ann a phróiseálann 600m. gallún bainne sa bhliain.

Táthar ag súil leis go leanfar leis an gcónascadh de réir mar a bheidh na cumainn agus na comharchumainn á gcur féin i gcóir le gnó a fhorbairt agus aghaidh a thabhairt ar an iomaíocht agus tabhairt faoi mhargaí nua. Táthar á ngriogadh chun cónasctha leis ag an rannóg miondíola atá ag dul i neart de réir mar atá na slabhraí ollmhargaidh ag dul i neart.

Is léir gur dúshlán iad na forbairtí sin do bhoird chomharchumann, do fhoirinn riaracháin agus feidhmeacháin agus d'oibrithe. Is dúshlán iad d'eagrais chúnta dála Teagasc; níor mór dóibhsean a bheith cóirithe le haghaidh a thabhairt ar na gnéithe den chomharchumannachas atá faoi bhrú an bhrabúis. Is é atá ag spreagadh an chlaonta chun cónasctha ná an iomaíocht ghéar faoi bhuntáistí margaidh; éilíonn seo infheistíocht sa taighdeadh, maidir le táirgí nua, le feabhas na dtáirgí, agus le slándáil.

Sna cúinsí seo tá fadhbanna buana a ghabhann le biaiste táirgíochta na hÉireann dár gcur ar ár dtriail maidir le hintlíocht agus le fiontraíocht.

Chomh maith leis an ngluaiseacht i dtreo cónasctha, tá na "forbairtí *niche*" ann, gnó na dtáirgí speisialta atá de shíor á mbreith go céim na margaíochta.

Idir na blianta 1987 agus 1992 chuaigh méadú faoi dhó geall leis ar an méid a láimhseáil ár gcomharchumainn déiríochta (Bord Bainne ina measc) – chomh hard le £5,000m. Is trí cheannach gnó thar lear agus gnó nach raibh déiríoch sa bhaile, a tharla sé seo go léir geall leis. B'iad Seisear Mór 1987 – Avonmore, Ballyclough, Golden Vale, Kerry, Mitchelstown agus Waterford – a bhí freagrach sa chuid is mó. I gcás na gcomharchumann mór is ina ngnóthaí thar lear a dhéanann na comharchumainn mhóra formhór a gcuid táirgíochta.

Maidir leis an bhforbairt le teacht, dealraíonn sé nach mbeidh a lán seansanna in Éirinn. Tá malairtí táirge á saothrú; tá na comharchumainn déiríochta ag dul isteach i ngnó próiseála feola agus a leithéid eile. Ach is thar lear a bheidh na forbairtí móra is dócha as seo amach, agus is iad na comharchumainn mhóra a bheidh freagrach (féach *Co-op Ireland* May 1993).

Cothromú Riachtanais Ghnó agus Seirbhís do Bhaill

Na forbairtí gnó atá luaite agam, spreagann siad ceisteanna a théann go croí idéal an chomharchumannachais. Ó thaobh na staire de, d'fhás comharchumainn ar chúiseanna den sórt seo:

—ar mhaithe le tairbhe eacnamaíoch, d'fhonn praghsanna níos fearr a fháil do tháirgeoirí
—chun a bheith níos cumhachtaí in áit an mhargaidh
—chun go mbeadh teacht ar sheirbhísí agus ar áiseanna nach féidir do dhaoine aonair a sholáthar dóibh féin
—chun fóirithint ar na baill, agus go mór mór chun cabhrú le baill laga, táirgeoirí beaga mar shampla.

Ciallaíonn sin gurb é a bhí á mhaíomh riamh ag comharchumainn ná gurb iad na daoine an chéad chloch ar a bpaidrín, fág gur spéis leo leis, ar ndóigh, an margadh. Ach tá scéal an mhargaidh mar atá sé inniu ina chruachás dóibh. Tá ceisteanna á gcur faoi cén fhreagracht atá ar chomharchumann maidir leis na baill nach bhfuil ar a gcumas coinneáil suas leis an bhforbairt ghéar eacnamaíoch sa déiríocht inniu, abair.

Ag Comhdháil Eorpach na gComharchumann a bhí ag CEPFAR in Béal Átha hÉis le déanaí, chuir Séamas Ó Donnchú ó ICOS an cheist sa tslí seo: Is féidir an phleanáil seo go léir a ghabhann le cónascadh agus le ceannach a chosaint mar ghné riachtanach don iarracht ar a bheith buan; ach cé atá i gceist a bheith buan? B'fhéidir nach iad na feirmeoirí déiríochta, dream a bheidh brúite i leataoibh as an bhfeirmeoireacht faoi dheireadh an chéid seo.

Nocht an plé ag an gcomhdhaíl seo dearcadh ar leith na hEorpa Thuaidh, nárbh fhéidir le comharchumainn gach rud a dhéanamh; an dearcadh nárbh fhéidir leo dul i méid agus i neart iomaíochta i gcúinsí eacnamaíochta atá ag athrú le luas mire, agus san am céanna aire a thabhairt do na baill a bhí á gcaitheamh i leataoibh ón ngnáth-tháirgiú.

Chuir daoine eile, lucht na hEorpa Theas sa chuid is mó, dearcadh eile chun cinn: go raibh cúl tugtha ag na comharchumainn ar a n-idéal bunúsach, seirbhís dá mbaill. Dá réir sin tá gá ag na comharchumainn le haisling nua, aisling a chuirfeadh ar a gcumas do bhoird an t-údarás a bheith acu a bheith páirteach i ngnéithe níos leithine de fhorbairt na tuaithe agus i gcúrsaí gnó.

Níor mhiste a lua gur dhealraigh cuid dár gcomharchumainn féin a bheith ag cur comhréitigh chun cinn; murab ionann agus an cló Eorpach tá ár gcinn féin fanta iolfheidhmeach. Is beag dár gcomharchumainn talmhaíochta nach láimhseálann ach an t-aon earra. Agus é ag freagairt a cheiste féin dúirt Séamas Ó Donnchú nach leor de leithscéal é ag na comharchumainn a bheith ag cur an mhilleáin ar na cúinsí go léir in eacnamaíocht oscailte a chuireann d'iallach orthu déanamh mar a dhéanann siad. Má tá comharchumainn le bheith dírithe ar a mbaill, ní mór dóibh cúram a dhéanamh de na baill nach féidir leo, de bharr cúinsí eacnamaíochta, feidhm a bhaint as na háiseanna atá anois ar fáil. Ní féidir dóibh gach fadhb a réiteach, ach níl aon struchtúr gnó ná eagraíochta eile ar mó gur cúram dóibh é seo ná ar mó atá sé ar a gcumas beart a dhéanamh.

Tá comharchumainn áirithe, a bheag nó a mhór, ar thóir áiseanna agus scileanna chun cur le hilghnéitheacht na feirmeoireachta agus le forbairt na tuaithe. Tá sin le feiceáil sa chlár LEADER, i mbunú struchtúir faoi leith, leithéid comharchumainn foraoiseachta, agus i soláthar áiseanna d'fhorbairt na turasóireachta feirme.

An cheist mhór eile atá le teacht is ea modhanna maoinithe agus sealbhais. De réir na staire arís, bhí ceangal an bhaill lena chomharchumann bunaithe ar scarsheilbh agus ar úsáid áiseanna an chomharchumainn. De réir mar a tháinig luach margaidh ar na scaranna, tharla deighilt idir scarsheilbh agus úsáid áiseanna an chomharchumainn. Is féidir teorainn 49% de scaranna údaraithe PLC a bheith sa stocmhargadh ar sheilbh daoine nach baill, ach téann athrú ar an gcomharchumann nuair a bhíonn feirmeoirí gníomhacha agus infheisteoirí eachtracha páirteach ann.

Tá sé suimiúil go bhfuil comharchumainn Eorpacha ag déanamh staidéir ar thaithí na hÉireann i gcás an athraithe seo.

Conclúid

Is léir go mbeidh slí do chomharchumainn san AE. Is é is dóichí, áfach, ná go mbeidh a lán difríochtaí i struchtúr, i dtoirt, agus i bhfeidhm na gcomharchumann ar leith. Taispeánann an tslí atá na comharchumainn tar éis dul chun cinn ina lán sórt gníomhaíochta eacnamaíche go bhfuil ar a gcumas iad féin a chur in oiriúint do chúinsí difriúla margaidh.

San AE, áfach, is i gcúinsí eacnamaíochta domhanda ina mbeidh fiontair mhóra idirnáisiúnta, seachas comharchumainn, i gceannas a bheidh na comharchumainn talamhaíochta ag feidhmiú in áit in eacnamaíocht logánta comhair. Caithfidh siad struchtúir agus eagar páirtíochta nua a ghlacadh chucu féin má tá siad le teacht slán. Is é an dúshlán mór atá á thabhairt faoi na comharchumainn inniu ná conas an rath a bheith ar a ngnó ach san am céanna gné an chomharchumannachais a chaomhnú go dílis.